ハッピーエンドに
必ずたどり着ける!

祝福人生
創造ブック

量子エネルギーマスター
光一 著
KOUICHI

はじめに

２０１１年に惜しまれつつ亡くなった、アップル社の創業者であるスティーブ・ジョブズ氏。病床にいた彼の最後の言葉といわれるものが、インターネット上に広まっています。

その中で、彼は自分の人生を振り返り、こんなふうに言っています。


私は、ビジネスの世界で成功の頂点に君臨した。

他の人の目には、私の人生は成功の典型的な縮図に見えるだろう。しかし、仕事を除くと、喜びが少ない人生だった。

（中略）

私が勝ち得た富は、私が死ぬときに一緒に持っていけるものではない。

私があの世に持っていけるものは、愛情にあふれた思い出だけだ。

これこそが本当の豊かさであり、あなたとずっと一緒にいてくれるもの、あなたに力を与えてくれるもの、あなたの道を照らしてくれるものだ。

この言葉を本当に彼が言ったのかどうか、真偽のほどは定かではありません。ただ、彼ほど財を成し、一般に「成功者」とみなされていた人物でも、この世界を去るときには後悔が残ったということが表れている言葉ですよね。

元気に毎日を過ごしているときには気づかない、あるいは目をそらしていた部分が、この世を去るときに浮き彫りになります。

ジョブズ氏のこの言葉が共感を得ているのは、私たちの多くが、このままいけば、自分もたくさんの後悔を抱えたままこの世界を去るかもしれないと思っているからでしょう。

この本を手に取ったみなさんも、「自分だったら、どんな思いを抱いてこの世界を去るんだろう?」と考えているかもしれませんね。

自分がいつこの世界を去るかなんて、誰にもわかりません。であれば、瞬間瞬間、自分がいつこの世界を去ってもいいという生き方をしていれば、どの時点で終わりを迎えても後悔することはないはずです。

私は、後悔のない人生の最期を迎えるためには、自分自身が輝き、自分の本当の使命を全うすることが大切だと考えています。

では、私たちの本当の使命とはなんでしょうか？

この本では、私たちの本当の使命とはなにか、後悔のない素晴らしい人生を歩んでいくためにはどうしたらいいかをお伝えしたいと思っています。私たち一人ひとりが最高の人生を歩むことで、この世界が変わっていくんです。

私たちは、命をいただいてこの世にやってきました。今、あなたはいただいた命をどう使っていますか？　喜びも悲しみもあるこの命を、あなたはどう使いますか？

自分の輝きのために自分の命をどう使うかも、あなたのための最高の生き方も、あなた自身にしか決められません。だからこそ私は、あなたがこれから最高の人生を歩み、やがてこの世界を去るときに「私の人生は最高だった」と思えるような毎日を過ごすためのテクニック「ミッションリビング」を本書でご紹介したいと思っています。

「最高の人生」を歩む手がかりは、すでにあなたの中にあるんですよ。

目次

第3章　「ミッションリビング」の実践

第1章

「ミッションリビング」で最高の人生を

最高の人生を選ぶことができるのはあなた

私たちは、命をいただいて今この世界にいます。そして、いただいた命を私たちがどう生きるかは個人の自由です。だったら、人生の最期に「最高の人生だった!」と心から思える、ハッピーエンドな人生にしたいと思いませんか?

でも、最高の人生とはどういうものでしょう。どうやって見つけたらいいのでしょうか。

実は、最高の人生は誰にでも生きられるし、その手がかりはすでに私たち一人ひとりの中にあるんです。この本を読んでいるあなたにこそ私が伝えたいのが、最高の人生を歩むための方法——「ミッションリビング」です。

「ミッションリビング」は、もともと「ミッションリビングインテンション」という名前です。つまり、その名の通り「人生の使命を意図して生きること」で、自分が意図する未来を生きられるようになる、というテクニックなんです。ワークショップなどで「ミッションリビング」と言うことが多いですし、短い名前のほうが読者の方にはわかりやすいと思いますので、本書ではこのテクニックを「ミッションリビング」

と呼ぶことにします。

この「ミッションリビング」で重要なのは、あなたがこの世界を去ろうとする瞬間のエネルギーを体験することです。

「この世を去る瞬間の体験なんて、できるわけないじゃない」

そう思われる方は多いと思います。

では、なぜそんな体験ができるのか、これから詳しくお話ししていきましょう。

人間、生きていると、「あの時ああすればよかった」「なぜあっちを選択しなかったんだろう」と、すでに後悔していることのひとつやふたつはありますよね。

「ミッションリビング」のテクニックを使うと、そういった後悔がなくなります。なぜなら、私たちは自分で人生を決めることができるし、決めさえすれば自分で選択した人生を生きられるようになるからです。

私は、神様から私たちに与えられた能力のひとつは「決める力」だと思っています。その力があるからこそ、自分の人生をどう生きるか、私たち一人ひとりが選択できるんです。

誰かが自分の人生を語るとき、「あのときの出来事があったから、今の自分があるんですよ」とか「振り返ってみれば、あれが今までの人生の中で最高の瞬間だったな」なんて言うことがありますよね。

私たち一人ひとりが「最高の人生」を生き切って魂を充実させ、この世界を去るときに最高の喜びを実感できたとしても、そこに到達するまでになにが起こるのか、今の私たちにはまだわかりません。

でも、なにが起きたとしても、あとで振り返ったときに「最高だった」と思えるのが理想的な人生ではないでしょうか。そして、それが祝福の人生につながります。

「ミッションリビング」は、魂の喜びが積み重なった人生の集大成として、自分が最期に受け取る感覚を体験することができます。あなたの潜在意識がそれを体験していれば、最期のときに後悔しない人生、振り返ったときに喜びと愛が満ちあふれ、すべてのことに心から感謝したくなるような人生を歩めるようになります。だからこそ、私は「ミッションリビング」のテクニックを、できるだけ多くの人たちに届けたいと思っているんです。

「ミッションリビング」で「最高の人生」をダウンロードする

「ミッションリビング」は、わかりやすく言うと、自分の身体を使って「幸せな人生をつくることができるテクニック」です。なにをやるのかというと、無限にある人生の中から、その人にとって最も祝福された「この世を去る瞬間」を体験して、人生最期のときに「祝福の人生だった」と自分が思っている、そのエネルギーを潜在意識に刷り込む（ダウンロードする）んです。ただ「この世を去る瞬間」を体験するのではなく、「最高に祝福されたこの世を去る瞬間」です。

具体的に言うと、その人が考えている理想の人生、祝福の人生を体験したそのエネルギーを「今ここ」に持ってくるということなんですね。それと同時に、「ミッションリビング」では過去に戻って過去のネガティブな記憶や感情のエネルギーを解消していきますから、「今ここ」で未来も過去も整えることができるんです。

人生は、ある程度決まっていますよね。どの国のどんな家庭に生まれて、どんなドラマの人生にするかというのは、おおよそのブループリント（青写真）として、私たちの魂が決めてこの世にやってきていると思います。でも、「ミッションリビング」を使えば、生まれ落ちたあとに歩む人生は変えることができるわけですよ。

ブループリントというのは「宿命」のようなものだと私は思っているんですが、生まれ落ちてからの「運命」は、文字通り「命を運ぶ」こと。私たちはブループリントを持って生まれてきますが、「宿した命」をどのように運ぶかは自分で決められるんです。

今、私たちは刺激に反応して動いていますが、その刺激にどう反応するかは、潜在意識下にあるプログラムで変わってきます。だから先に「最高の人生」のエネルギーパターンをダウンロードして、最高の人生を歩んでいきましょうということです。

潜在意識下にはいろいろなパターンがあって、なにか事が起こったあとで後悔したり、喜んだり、不本意な人生だったなとか、自分で自分を評価したりしますが、「ミッションリビング」を使えば、その人にとっての「素晴らしいハッピーエンドな人生」にシフトするためのエネルギーを持ち込むことができるんです。

人生はコントロールできる

「ミッションリビング」で理想の人生のエネルギーパターンを潜在意識下にダウンロード

ロードしたとしても、この世に生きていればネガティブなことは起こります。この世界は相対で、陰と陽の関係で成り立っているんです。「ミッションリビング」をやっていると、潜在意識の深い部分に「自分は最高の人生を生きているんだ」という確信が生まれてきますので、陰陽の法則によってネガティブなことが起こったときにも、そのネガティブなエネルギーに飲み込まれにくくなります。

毎日ハッピーに過ごしていたとしても、ある日大きなネガティブがドンとやって来たときは、それに対応できず、落ち込んでしまったりしますよね。そんなことは誰にでもあると思います。でも、「自分は最高の人生を生きている」というエネルギーパターンが潜在意識の深いところにあれば、意識のどこかで「この出来事は最高の人生のための学びなんだ」という気づきが、自分の中に芽生えます。そうなれば、陰陽体験を繰り返す人生の中で、ネガティブなエネルギーを活用できるようになります。

人間は、潜在意識の深いレベルで安心感を持っていたら、なにが起こっても自分の人生のネガティブなエネルギーに飲み込まれなくなるんです。つまり、ネガティブなエネルギーをポジティブに変えて、成長していけるんですよ。

そう考えると、「ミッションリビング」をやるメリットのひとつは、人生にへこたれなくなることとも言えるでしょう。

そして「ミッションリビング」をしていくと、成長の速度が早まります。「ミッションリビング」をやり続ければ、意識の深い部分に「最高の人生」のエネルギーパターンを繰り返しダウンロードすることになるため、自分をコントロールする力もついてきます。

自分をコントロールする力とは、陰と陽の統合が成長であるということを意識的に理解し、ネガティブエネルギーを自分の成長の糧にするということです。自分をコントロールすることは、すなわち自分の人生をコントロールすることになります。

「ネガティブなことが起きました」

「ネガティブな状態を受け入れ、意味づけを変えました」

そんな感じで、ネガティブな感情やエネルギーをコントロールしてポジティブな状態に戻ってくることができるようになると、成長が加速します。

陰陽バランスについては第4、5章で詳しく説明しますが、それがわからないと、俯瞰《ふかん》的な位置に行きにくいんです。自分を客観的に見ることができなければ、今、置かれている現状を把握できませんからね。

すべては自分自身です。自分が人生をつくっているし、人生の主人公は自分です。潜在意識を整えていけば、自分の人生をつくっていけるんだという感覚が持てますし、その深い部分に「最高の人生」をダウンロードすることで、安心感を醸成させ、意識的にネガティブエネルギーを活用できるようになっていくことは「ミッションリビング」のメリットのひとつです。いわばこれは、「自分の本当の力を取り戻す」というテクニックだと言ってもいいでしょう。

そして「ミッションリビング」を何回もやってもらえれば、「あ、やっぱり自分はこの人生をつくってきたんだ。よかったね」と、この世界を去るときに自分を褒めてあげることができると思います。

エネルギーは消えません。この宇宙にポジティブなエネルギーを残していくということも含めて、それを全部、今ここで、今あなたの身体を使ってやってみましょうというのが「ミッションリビング」なんです。

最高の人生を生きる

最高の人生とは、言い換えれば「人生の使命を生きる」ことです。

とはいえ、

「自分の使命はなんだろう」

「私はなんのために生まれてきたんだろう」

そう思っている人は多いでしょう。

この答えを持っている人は、すでに充実した人生を送っていると思いますが、たぶん大多数の人たちは、まだこの答えを求めている最中なのではないでしょうか。

私は、使命というのは「魂がやりたいこと」だと思っています。

自分がやりたいことをやっているとき、人はいきいきとして喜びに満ちあふれているはずです。自分がやりたいことを精一杯やり切る人生を送ることができれば、この世界を去るときには、幸福感、充実感、感謝の念に満たされているでしょう。そして、自分の人生を祝福し、自分自身と周りの存在すべてに、心から「ありがとう」と言えるのではないでしょうか。

使命というのは、私たちの魂が本当にやりたいことですから、それを実現することが、私たちの魂を輝かせることになるんです。自分の使命を生きるとき、祝福の人生がこの世界に現れてきます。

ただ、なにが「最高の人生」なのかというのは、その本人にしか認識できません。人は、亡くなる直前にフラッシュバックが起こると言われていますが、そのときに自分の人生を判断しています。「あのときにあんなことをしたのはまずかった」とか、「これは楽しかったな」とか、自分だけが認識できる出来事を自分が判断しているわけです。つまり、判断するのは未来の自分なんです。

「ミッションリビング」で「最高の人生」をダウンロードすると、「自分の人生は素晴らしかった」という人生のエネルギーを持ち込むことができます。だから、心からやりたいことをしつつ「ミッションリビング」をやり続ければ、「最高の人生」を自ずと歩めるようになるんです。

未来のために「今ここ」で自分を整える～「今ここ」に、過去も未来もある

この世界は共同幻想として認識されていますが、もうひとつ特徴的なのが、この世界はすべてが「今ここ」にある、ということです。

今この瞬間を生きているあなたの世界には、過去も未来も、すべてが「今ここ」にあります。

左ページの図「縦系・横系のマトリックス」を見てください。

この縦線は、自分を中心につながっている家系図のようなもので、上の方にいるあなたのご先祖様からあなたを通り、下の方の子孫にまでつながる流れです。

横線は時系列で、過去（左側）から未来（右側）へと続く時間の流れを表しています。

そして、その両方の線が交差する中心が現在＝「今ここ」であり、今あなたがいる場所です。

「私には子供がいないから、未来に続く子孫の流れは断ち切られてしまうのでは？」と思う方がいらっしゃるかもしれません。

でも、この宇宙には、あなたが今いる世界とは別の世界が存在していて、今のあな

●縦系・横系のマトリックス

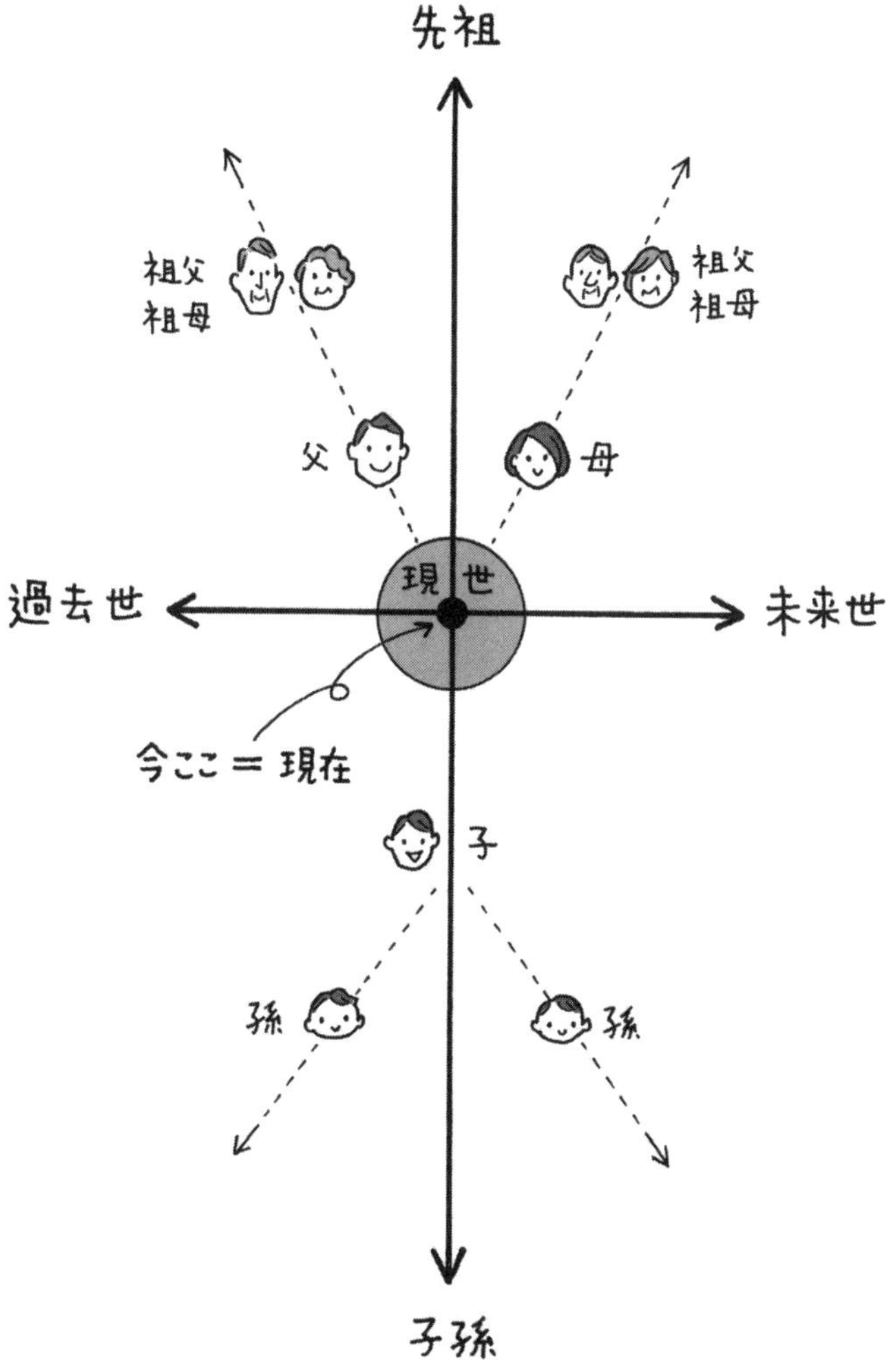

たとは違った生き方をしている別のあなたがいるという並行宇宙（パラレルワールド）の概念で考えると、並行宇宙の別の世界ではあなたの子孫が存在しているかもしれません。

世の中には「前世療法」や「過去世ヒーリング」というものがありますよね。どちらも依頼者の過去世にさかのぼって、今も残っているトラウマなどを癒すものですが、こういった施術はどこでやっていると思いますか？　「今ここ」です。

「楽しい未来を迎えられますように」「素敵な出会いがありますように」と願ったり、引き寄せる努力をしたりするのは、どこでやっているのでしょうか？　それも「今ここ」です。

過去を癒すことも、素敵な未来を引き寄せることも、すべて「今ここ」でやっているんです。

私たちの未来も「今ここ」の延長線上につくられますから、「今ここ」が整っていれば、無数にあるパラレルワールドの中から、時間の流れとともに幸せな未来がやってきます。

ただし、「今ここ」から延びている未来は無数にあるので、どのような未来がやってくるのかは、今のあなたのあり方次第なんです。

そして、時系列であなたの人生があなたの子孫につながっているということは、ネガティブなものをあなたの人生に残してしまうと、あなたが直接会うこともない、はるか未来の子孫の代にまで影響してしまうかもしれない、ということなんです。

「今ここ」のあなたのトラウマが癒されると、そのトラウマの原因だったあなたのご先祖様も癒されるというのは、私自身がある方のセッションのときに発見した事実です。

ということは、同じ法則が働けば、その逆もあり得るということですよね。あなたが「今ここ」でなにかをしでかしたら、あなたの未来とあなたの子孫に影響するのはもちろん、あなたのご先祖様にも影響が出てくるんです。つまり、あなたが自分勝手に生きてしまうと、あなたにつながっているすべてに影響が出てしまうというわけです。

この世には原因結果の法則というものがあるので、あなたがなにかネガティブな原因をつくったとしたら、ネガティブな結果をどこかで体験することになります。ただし、その結果が、いつ、どの時点で現れるのかはわかりません。あなたの人生で起きる可能性もあれば、あなたの子孫の代になって現れることがあるかもしれないんです。

もしあなたが、知らないうちにご先祖様の信念体系やトラウマを受け継いでいて、それに気づいたときに「迷惑だなあ」と思ったとしましょう。それと同じ気持ちをあなたの子孫に味わわせたくはありませんよね？

ネガティブの連鎖を避けるためにも、私たちが「今ここ」で自分を整え、最高の人生を生きることは、あなたの未来のためにもなるんです。


この項では「今ここ」にすべてがあること、自分を整えることの重要性についてお話ししました。

「それはわかったけど、じゃあ私はなにをしたらいいの？」と思われた方は、第4章で詳しく説明していますのでお読みになってください。

第2章

「ミッションリビング」と「なほひかへ」

「ミッションリビング」とは

今回、私がご紹介する「ミッションリビング」は、ＳＳＥ（エスエスイー）という、私が開発したメソッドのカテゴリーに含まれるテクニックのひとつです。

ＳＳＥというのはSpiritual Space Engineering（スピリチュアルスペースエンジニアリング）の頭文字をとったもので、スピリチュアルな（Spiritual）スペース（Space）を操作する（Engineering）ことから名づけました。

つまり、ＳＳＥは、潜在意識とつながっている身体を使い、物理的に場所を移動することで、「自分はこの世界に入りました」ということを潜在意識に認識させるテクニックなんです。まず私たちの潜在意識に認識してもらったうえで、私たちの魂を動かしていくということですね。

ＳＳＥはこの形式をベースにしたエネルギーワークの総称で、実は他にいくつもバリエーションがあるんですが、今回は「ミッションリビング」を選んでご紹介していきます。なぜかというと、「ミッションリビング」のテーマは「最高の人生を歩む」こと。つまり、今、私たちが目指している、「私たち一人ひとりが自分の使命を生き、最高の人生を生きられる」「ハッピーエンドにたどり着く」ようにするためのワークだからです。

空間と身体と潜在意識の関係性

「ミッションリビング」をよりわかりやすくするために、まず「空間と身体と潜在意識はすべてリンクしている」という話から始めたいと思います。

パワースポットと呼ばれる場所に私たちが行くと、その空間に書き込まれているポジティブなエネルギーを私たちの潜在意識が感知して、清々しい気持ちになったり、自然と感謝の気持ちがあふれてきたりしますよね。反対に、ネガティブな情報が書き込まれた場所に行くと、なんだかわからないけど怖い感じがしたり、不吉な感じがすると思ったりするのは、潜在意識がそのネガティブなエネルギーを認識しているからなんです。

パワースポットに限らず、どこか特定の場所に行くということは、身体がその空間に入るということです。その空間を見ているだけではそこに「入った」とは言えませんが、身体を移動させて空間に入ることで、その空間とつながることができます。そして、潜在意識と身体もつながっています。

このように、私たちの心と身体と潜在意識（魂）と空間（環境）は、すべてつながっているんです。よく「考え方が変われば心が変わり、心が変われば行動が変わり、行動が変われば習慣が変わる」なんて言いますよね。その通りではあるんですが、変化していくのに順番があるわけではなく、実はすべて同列です。

潜在意識が変われば心も変わりますし、環境が変わることで心も変わります。逆に、心が変わったことで環境が変わる、つまり片づけをしたり引っ越しをしたくなったりすることもあるでしょう。

心、身体、潜在意識、空間はすべてリンクしていますから、あなたが自分を整えたいと思うとき、どの側面からアプローチを始めても、すべてが連動してよくなっていくんです。

潜在意識は身体感覚を通して教えてくれる

筋肉反射テストをやると、私たちの潜在意識がどういう信念体系を持っているかがわかります。なぜわかるのかというと、先ほどお話ししたように潜在意識と身体はつながっているので、潜在意識の反応が筋肉の動きとして現れるからです。

この理論に基づくと、空間になんらかの情報を刷り込み、その空間に身体が入りさえすれば、潜在意識はその空間に書き込まれた情報を受け取ることができる、ということになります。つまり、空間には情報を書き込むことができるというわけです。私たちの顕在意識は、空間に意味づけをしたり、空間のエネルギーの質を特定させたりすることができてしまうんです。

私はよく、顕在意識は人生のコントローラーだという例え話をします。私たち一人ひとりが大型客船だとしたら、顕在意識は船長で、潜在意識は大型客船を動かす乗組員です。潜在意識はあなたの無意識下でいろいろな役割を果たしてくれていますが、船が進む方向、つまり人生の方向を指示できるのは、あなたの顕在意識だけなんです。

船長としての顕在意識の役割は「決めること」「選択すること」です。顕在意識は決断する力、選択する力を持っているんです。

一方で、潜在意識はなにも決められません。でも、あなたの顕在意識が「こうするからね」と決めたのであれば、潜在意識はそれを認識してくれます。

「ミッションリビング」で言えば、あなたの顕在意識が「この空間を、私がこの世界を去る直前の祝福のエネルギーで満たしています」と決めたとき、空間にはそのエネルギーの質が発生し、あなたの身体がその空間に入ると、あなたの顕在意識はその場所に「あなたがこの世界を去る直前の祝福のエネルギー」を感じ取ることができるわけです。

潜在意識がエネルギーを感じると、あなたの顕在意識は、あなたの潜在意識がエネルギーを感じ取ったという信号を、身体感覚として認識するはずです。

身体感覚というのは、文字通り身体が受け取る感覚のことです。人によってどのように受け取るのかは違うので、他の人と感じ方が違っても心配しないでください。

その受け取り方としては、まず視覚として受け取る人がいます。意味づけした空間に入ったときに、なにかが見える人たちです。

また、「おまえは○○である」というようなメッセージが聞こえる、聴覚で受け取るタイプの人もいます。聞こえてくるのは、その「意味づけした場所」で受け取ったものですから、その場所からのメッセージということになります。

「ミッションリビング」では、過去なら過去、未来なら未来のポジションでメッセージを受け取ります。意味づけした空間に入ったら涼しくなった、暑く感じたなど、温度を感じる人もいますし、においを感じる人もいます。

痛みなどの感覚も、エネルギーワークから生じた「身体感覚」として認識できていれば、ワークから受けた自分の変化をしっかり確認できます。

そういう意味では、「ミッションリビング」のワークは、身体感覚をとりやすい人はやりやすいかもしれません。

「そんなこと言ってもなにも感じないよ」

という人も、その人の顕在意識が認識していないだけで、実際にそういったエネルギーワークによる身体感覚の変化は、誰でも必ず潜在意識で受け取っているんですよ。だから心配しなくても大丈夫です。

潜在意識には時間の概念がありません。時間というのは私たちの顕在意識の概念であって、潜在意識には時間という縛りはないんです。だからこそ、「自分がこの世界を去る直前」や「自分が生まれたばかりの世界」という、時間軸を超えて設定した情報を、潜在意識は感知できるんです。

ちょっと難しい話になりましたが、「ミッションリビング」は、遊び感覚で楽しんでやってください。そのほうが、潜在意識への刷り込みがしやすくなりますからね。

「ミッションリビング」の目的は、潜在意識に「最高の人生」というエネルギーパターンを入れ込んでいくことなんです。そうすると、潜在意識は「最高の人生」を歩んでいるということを知っているので、なにがあってもへこたれません。だからこのテクニックを使って、「自分は大丈夫なんだ」という感覚を持っていただければと思います。

「ミッションリビング」は「なほひかへ」との合わせ技

「ミッションリビング」は、SSEに「なほひかへ」という別のテクニックを組み合わせた特別なワークです。「なほひかへ」とは、一言で言えばネガティブなエネルギーを認めて受け入れて、ポジティブなエネルギーに変換させるメソッドです。

「なほひかへ」の「なほひ」は、漢字では「直霊」と書きます。

日本の古神道には「一霊四魂《いちれいしこん》」という考え方があるのをご存知でしょうか。神様や私たち人間には、荒魂《あらみたま》、和魂《にぎみたま》、幸魂《さきみたま》、奇魂《くしみたま》という4つの魂がありますが、この四魂を、「直霊《なおひ》」というひとつの霊が司っているというものです。

「なほひかへ」の「なほひ」はこの直霊からとったものですが、私は「なおひ」ではなく、「なほひ」と発音しています。「かへ」も「かえ」ではなく、文字そのままの「かへ」と言っています。

神道では、私たちはみな、神様の分霊《わけみたま》だという考え方があります。私たち人間は神様から生まれてこの世に存在し、輪廻転生も含めて自分の人生を全うしたとき、また神様のもとに戻るという思想です。つまり、神様と私たち人間はもともとひとつであり、私たちの中にも神様と同じ「神性」が宿っているということです。

「なほひかへ」のほかにも、私の開発したメソッドには「なほひ」とつくものが多くあります。それは、どれも私たちの中にある神なる性質「なほひ」に働きかけるテクニックなので、すべてのテクニックの名前に「なほひ」をつけているんです。

「なほひかへ」を単独で使用する際の手順

「ミッションリビング」の手順に組み込まれている「なほひかへ」は、単独でも使用できるテクニックなので、みなさんにもぜひ活用していただきたいと思っています。

そこで、「ミッションリビング」の手順を紹介する前に、「なほひかへ」単体でのやり方を説明しましょう。

「なほひかへ」は、次の4つのステップで行います。

1．アファメーションで大いなる光とひとつになる

合掌し、「我、大いなる光とひとつなり」と3回唱えます。

アファメーションというのは自分に対する宣言のことで、自己暗示のことではありません。自分が大いなる光とひとつであるということを、確信を持って宣言しましょう。大いなる光とは創造主であり、神なる存在です。大いなる光とひとつになっていれば、なにも恐れることはありません。このアファメーションをしているからこそ、このあとに来るどんなネガティブなエネルギーも受け入れ、変容させることができるんです。

私たち一人ひとりの中には、大いなる存在の分霊がありますから、私たちも本来は神なんです。

また、合掌というのは、シンプルな陰陽統合の形でもあります。左手を陰の手、右手を陽の手と呼ぶこともありますが、両手のひらを合わせて陰陽統合し、大いなる光とひとつであるということをなんの迷いもなく宣言することで、次の手順に進む準備が整います。

2．ネガティブなエネルギーを認めて受け入れる

両手を前に出し、左の手のひらを天に、右の手のひらを地面に向けます（P38「受容のポーズ」参照）。そして、あなたが変換させたいと思っているネガティブな感情のエネルギーを、左の手のひらに全部乗せるとイメージします。

あなたが抱えているさまざまな怒り、恨みつらみ、悲しみ、痛み、イライラ、あらゆる種類のネガティブなエネルギーを、左の手のひらに託します。

敏感な人は、ここで自分の左手を重く感じたり、なにかしらの感覚が出てきたりするのに気づくかもしれませんが、怖がらなくても大丈夫です。なぜなら、すでにあな

たは「我、大いなる光とひとつなり」とアファメーションしていますから、大いなる創造主の力と一体化したあなたに悪影響はありません。ネガティブなエネルギーは、あなたの左の手のひらに乗っているだけだと認識しましょう。

ネガティブなエネルギーを出し切って託すとき、私はよく心の中で、すごい毒舌をふるっています。「毒なんて吐いたらバチが当たる」と言われそうですが、そんなことはありません。周りに聞こえなければいいことですし、むしろ自分の中に溜め込まれていた怒りなどのネガティブなエネルギーの存在を認めて、ここぞとばかりに吐き出したほうがいいんです。これからそのネガティブをすべて変換するんですから。

人間には必ず陰と陽の感情がありますから、罪の意識は持たなくていいんです。怒りを自分の中に溜めておくと、ストレ

●受容のポーズ

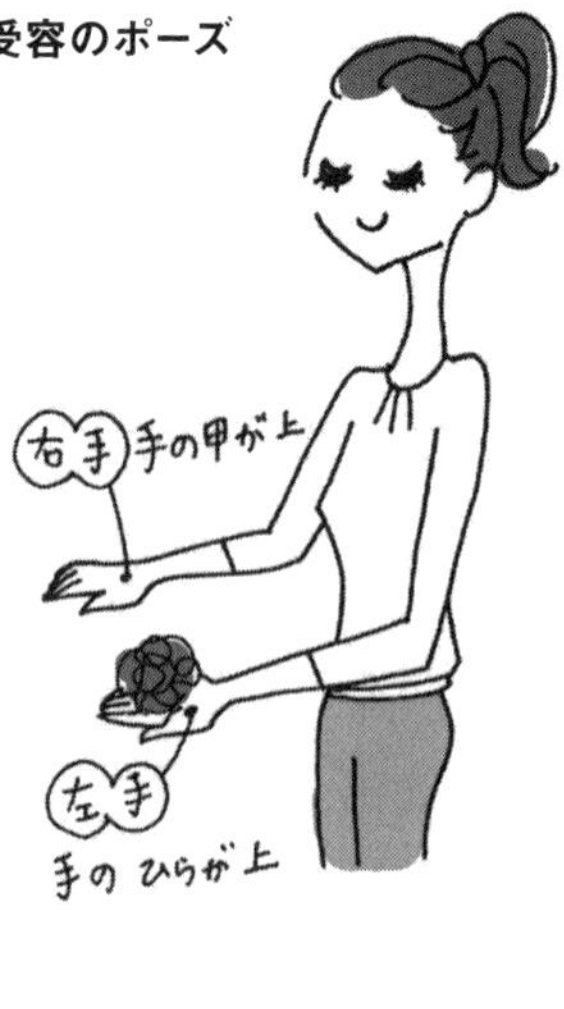

スという別のネガティブ要素が生み出されてしまいますし、なによりネガティブなエネルギーを認めて受け入れないと、変容は起こりません。自分の中のネガティブを認めて受け入れ、出し切りましょう。

3．ネガティブなエネルギーを変換する

ネガティブなエネルギーが乗っている左手に右手を添えて、天に向けていた手のひらを自分の方に向けましょう。このとき、両手の親指は立てて、天に向けてください（「変換のアクション」参照）。

この状態で、左手の中に入っているネガティブなエネルギーを振り続けながら、心の中で「変換、変換」「かへ、かへ」と唱えましょう。

●変換のアクション

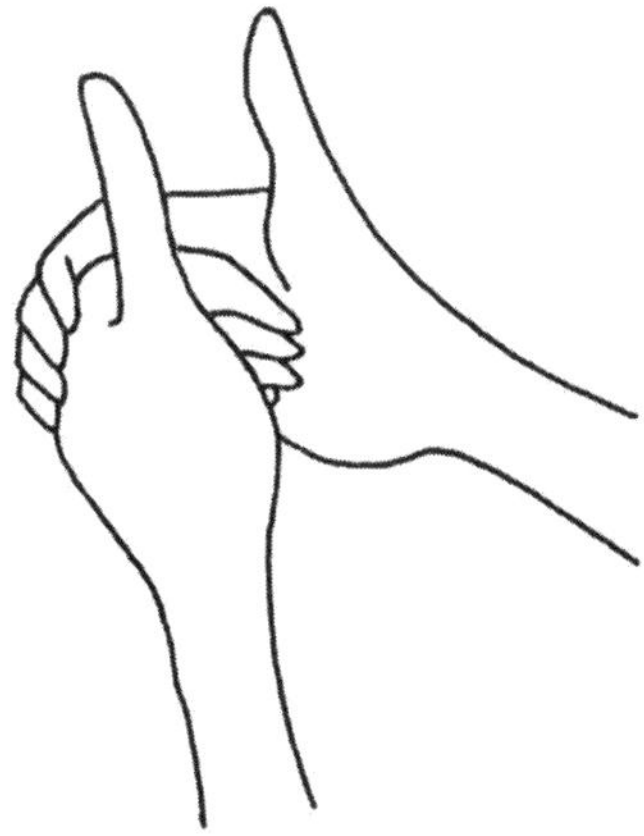

左手の中にあるネガティブなエネルギーを振りながら、エネルギーの活性化を促します。

「なほひかへ」では、天とつながるためのアンテナとして親指を立てています。変換のポーズを取るときには、親指を立てておいてくださいね。

人目が気になるなど、声を出しにくい場所でやるときは、言葉は心の中で言ってもかまいません。

変換のプロセス中には、なにかしら身体的な反応が現れるかもしれません。身体が温かくなったり、すっきりする感覚があったりします。また、咳、あくび、涙、げっぷ、鼻水などが出ることもあります。この動作を始める前にはなかった身体的な反応が「なほひかへ」の間に出てきたら、そのまま出してしまいましょう。これは、あなたからネガティブなエネルギーが解放され、変換されている証拠だからです。もちろん、このような身体感覚が出ない人もいますが、出なかったとしてもエネルギーの変換は起こっていますから、心配しなくて大丈夫です。

この動作にかける時間は、やる人によって違ってきます。自分で「そろそろいいかな」

と感じたり、変換中にネガティブなエネルギーのことが気にならなくなったりしたら、終了のポーズに移りましょう。

補足：親指を立てる意味

陰陽道には剣印《けんいん》という、剣の形に見立てて空を切る印があります。人差し指と中指を立てて結ぶ印ですが、曲げている薬指と小指で親指を隠すように押さえます。親指を隠すのは、ここから邪気を入れないためです。

ところが密教では、同じような印でも親指は隠しません。これは、アンテナの役目をする親指で大日如来とつながって所作をするからです。

4．変換が終了したことを感謝する

ムドラ（「終了のポーズ」参照）を組み、「ありがとうございます」と3回唱えます。

「ありがとうございます」と唱えるのは、変換が終了したことへの感謝を表しています。

ムドラはサンスクリット語で、印《いん》、手印という意味です。「終了のポーズ」のようなムドラは存在しますが、「なほひかへ」では左手の親指が右手の親指の上にあるのがポイントです。自分から見て、左手の指がすべて右手の指より手前にくる形です。このムドラは神社の屋根の形にも似ていて、最強の印であるとも言われていますが、この話には諸説あります。

●終了のポーズ

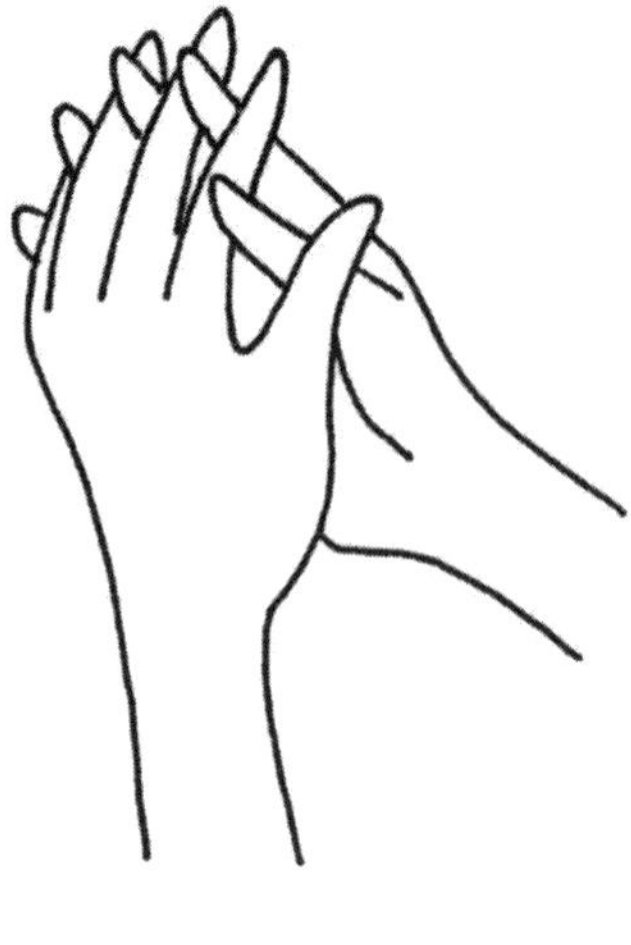

繰り返し行うことでプロセスをアンカリング

変換のプロセスで「変換、変換」「かへ、かへ」と言葉を唱えましたが、実はここにも秘密があるんです。

「なほひかへ」を始める際には、大いなる光とひとつであると宣言します。この宣言をしたあなたは、大いなる光、つまり創造主の立場からネガティブエネルギーの変換指令を出していることになります。そして、「かへ」という言葉は、アンカリングのトリガーになるんです。

アンカリングというのは、なにかのきっかけ（トリガー）によって、特定のプロセスが発動するように設定する条件づけのことです。

「なほひかへ」の場合、何度も繰り返していくうちに、ネガティブなエネルギーを認めて受容する手のポーズや、「かへ」という言葉がトリガーとして機能するようになります。

すると、受容のポーズをしたり、「なほひかへ」をやろうと意図したりするだけで、ネガティブエネルギーの変換が始まります。中には、「なほひかへ」をしようと意図しただけで、咳が出始める人もいるくらいです。

両手を振ってネガティブエネルギーを変換している最中に、ただ「変換、変換」と言うだけでもいいんですが、「変換」という言葉は日常的によく使う単語ですよね。一方、「かへ」という言葉は、「なほひかへ」以外では使わない言葉です。この珍しい言葉を繰り返しながら「なほひかへ」をすることで、「かへ＝変換の動作」ということが私たちにアンカリングされるんです。だからこそ「変換、変換」「かへ、かへ」の両方言うことをおすすめしています。

「ミッションリビング」では、自分の過去のネガティブなエネルギーとじっくり向き合ってそれを解消できるので、「なほひかへ」のプロセスを一つひとつ丁寧に行う方がいいのですが、「なほひかへ」を単体で活用する場合には、アンカリングされている状態までテクニックを使い込んでおけば、いざというときに簡略化できて便利だと思います。

もともと「なほひかへ」は簡単ですぐに効果が出るテクニックですが、自分にアンカリングされていると、さらに効果が出るのが早まります。

昔だったら1日2時間の瞑想枠を取ってじっくり向き合ったりするのもよかったん

ですが、今の時代は加速度が増していると思います。あらゆることの展開速度が高まっているのに、数時間瞑想して……というのは、少しリズムが遅いという気もします。だから、必要だと思うときに即実行でき、即効果が出る「なほひかへ」をどんどん活用してほしいんです。

また、「なほひかへ」をやる人が増えれば増えるほど、私たちの潜在意識層に「なほひかへ」のパターンが定着していきます。そうすると、「なほひかへ」をやったときの効果が、ますます出やすくなるんです。

私たちの日常には、いいこともあれば悪いこともあります。なにか嫌な出来事が起きたとき、私たちはそれにとらわれすぎて、そのことばかりを考えてしまったり、心配しすぎてさらに悪いことが起きる可能性まで考えてしまったりすることもあります。

ネガティブな事象にとらわれてしまうと、先に進めなくなり、自分を見失ってしまいますが、そんなときに有効なのが「なほひかへ」です。

あなたが「なほひかへ」をしようと思ったのなら、それはあなたが自分の中にあるネガティブな思考や感情のエネルギーに気づいたということです。ネガティブなエネルギーの存在に気づいてそれを認めたとき、あなたの人生には変化が起こりやすくなります。逆に言えば、自分が抱いているネガティブに気づかなければ、あなたの人生は、同じネガティブなエネルギーの中でいつまでも堂々めぐりをすることになってしまいます。だから、自分の中に嫌な感覚があったとしたら、それがシフトできるチャンスになるんです。

「ミッションリビング」では、自分の過去のエネルギーの中に入り、時間軸をたどって現在のポジションに戻ってくるまでに「なほひかへ」を使います。すると、今までの人生で体験してきたあらゆる後悔やネガティブな気持ちを認め、受け入れ、変換させて、「今ここ」に戻ってくることができるんです。

実際にどのようなアクションになるかは、次章でイラストとともに詳しく説明しますが、過去のあらゆるネガティブを変換しているときは、身体感覚がなくても大丈夫です。エネルギーは動いています。

そして、すべてを変換し終わって「今ここ」のあなたのポジションに戻ってきたとき、過去のネガティブな記憶や感情について考えてみてください。「なほひかへ」をする前とは思い出し方や感じ方が違ったり、よく思い出せなくなったりしているはずです。これが俗に言う「過去は変えられる」ということなんです。

私たちが過去に対する認識を変えることで、過去は変わります。第1章でお話ししたように、すべて「今ここ」ですから、自分の過去に対しても「今ここ」で働きかけられるんです。

「なほひかへ」は、この章でご紹介しているように、単独で使うこともできるテクニックです。第5章では私の実体験を挙げてお話ししますが、「なほひかへ」は本当にシンプルで、素早く効果を実感できるテクニックです。あなたが今後、最高の人生を歩んでいく中で、自分自身を整えるために、日常的に活用していただければと思います。

第3章

「ミッションリビング」の実践

「ミッションリビング」を始める前に

いよいよこの章で「ミッションリビング」を実践していきましょう。

この本の冒頭からお伝えしているように、「ミッションリビング」は、みなさん一人ひとりが最高の人生を歩むためのワークです。

あなたが最高の人生を歩んだあと、この世界を去ろうとする直前のエネルギーを「今ここ」で体験し、そのエネルギーを「今ここ」に持ち帰ります。すると、このワーク後、あなたが現実世界で時間軸をたどり、やがて本当に訪れる「この世界を去るとき」までの道を「最高の人生」として歩んでいくことができるんです。

でも、もしあなたがこのワークを本気で活用しないという選択をしていたらどうでしょうか。

「私は今まさにワークをしようとしているんだから、そんなこと思っているはずないでしょ」と言われるかもしれませんが、私たちの意識にはからくりがあります。たとえあなたが「このワークをやってみよう」と頭（顕在意識）で考えていたとしても、あなたの潜在意識のどこかで「自分は、まだ自分の人生をよくする方法を探求し続けたい」

とか「自分には最高の人生を送る価値はない」などと思っている可能性があるんです。

もしあなたの潜在意識が、「ミッションリビング」を拒むような信念体系を持っているとしたら、このワークをやっても効果がない可能性があります。

そこで、「ミッションリビング」のワークを行う前に、潜在意識と顕在意識のバランスをとって自分を整えるために、「なほひふり」というワークをしてみましょう。「なほひふり」は私が開発した、自分の潜在意識を書き換えるためのテクニックです。

「なほひふり」のやり方

「なほひふり」は、次の3つのステップで行います。

1．白い紙にゴール文を書く

手のひらに乗るくらいの白い紙（罫線やマス目などの入っていないもの）に「私はこのワークで最高の恩恵を得ています」と書きます。

この文言は、あなたがこれから目指す状態を現在形で書いたゴール文です。

2．筋肉反射テストで自分の現在の状態を確認する

「私はこのワークで最高の結果を得ます」と言い、自分の潜在意識の反応を確認します。

そして、小指のつけ根から手首までの側面を両手で軽く叩き合わせながら、次のように声に出して自分に宣言（アファメーション）します。

「私は〝ミッションリビング〟の効果がちゃんと出ないという心配を持っています。けれども、私はこの本を活用して最高の恩恵を得ることにします」

「ＹＥＳ」反応の方は、「ミッションリビング」に進んでいただいてオーケーです。ただ、この時点では、大抵の方の潜在意識から「ＮＯ」の反応が出ると思います。

この「ＮＯ」反応というのは、現在あなたがこのワークで最高の恩恵を受けると思っていないかもしれないことを示しているので、まず自分がその状態にあることを認め、

最高の恩恵を受けることを選択した、と自分に宣言するんです。

両手を叩き合わせる動作は、自分で「そろそろいいかな」と思うまででけっこうです。アファメーションを3回繰り返して言うくらいの間でいいでしょう。

ちなみに、この叩き合わせるポイントはプロレスの空手チョップなどで使用されるので、私は「空手チョップポイント」と呼んでいます。

3. ゴール文を乗せた左手の指を右手の指で触れる

ゴール文を書いた紙を左の手のひらに乗せます。その状態のまま、右手の親指と人差し指を使って、左手の親指から順に、爪の左右の側面に軽く触れていきます（「〝なほひふり〟の手のポジション」参照）。

爪の両側をつまむ形ですが、実際につまむとい

●「なほひふり」の手のポジション

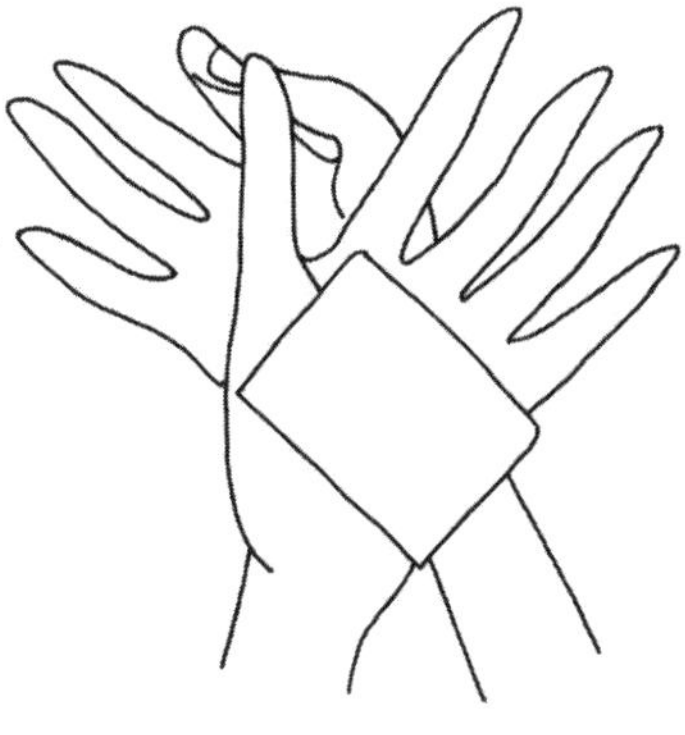

うよりは、軽く触れる程度で大丈夫です。

目安としては3分程度、あるいは3分より短くても、自分で「そろそろいいかな」と思うまで触れてください。これを親指、人差し指、中指、薬指、小指と順にやっていきます。

この動作中は、「最高の恩恵を受けるぞ！」なんて気合いを入れる必要はまったくありません。ただリラックスして、なにか楽しいことや感謝したいことなど、ポジティブなことを考えてください。特に思いつかない場合は、指が爪の側面に触れている間、「ありがとう」と繰り返し唱えるのも効果的です。テレビやラジオなどがついていると、意図していなかった別の情報が勝手に潜在意識に入ってきてしまうので消しておきましょう。

左手の小指までやり終わったら、再び筋肉反射テストをしてみてください。あなたの潜在意識が「このワークから最高の恩恵を受けるぞ」と決めたことを体感できるはずです。

「なほひふり」のやり方や理論、および筋肉反射テストの方法は、私の前著『きめればすべてうまくいく』(ナチュラルスピリット刊)で詳しく説明していますので、興味のある方は参考にしてみてください。

また、現時点で筋肉反射テストがよくわからない方は、しなくても大丈夫です。これは、あなたの潜在意識の状態を確認し、効果を実感してもらうための手順ですから、筋肉反射テストをしなくても、「なほひふり」をやることで、あなたの潜在意識にはきちんと定めたゴールの情報が入ります。

あなたの潜在意識が「このワークで最高の恩恵を受ける」と決めたところで、いよいよメインのワークです。この状態で「ミッションリビング」のワークに入れば、潜在意識と顕在意識はよりつながりやすくなります。

「ミッションリビング」のポジション

第2章で説明したように、SSEとは実際に空間を移動しながら行うワークです。そのため、自分が立つ場所や移動していく先のポジションの目印が必要になるので、最初にその準備をしましょう。

まず、紙を5枚用意します。大きさや色はなんでもけっこうです。「なほひふり」のように、白い紙という限定はありませんが、その紙を目印として移動し、紙の上に立ったりするので、見やすい色がいいでしょう。その5枚の紙にはそれぞれ次のように書いて、P69のイラストを参考に、各ポジションにセットしてください。

＊メタ
＊現在
＊過去
＊未来
＊祝福

紙には番号を振る必要はありません。また、紙を配置する際は、「現在」と「過去」の距離を、他のポジションより長く取ってください。このワークのためにひとつの部屋を目いっぱい使い、過去のポジションから移動する際には、少し歩けるくらいの距離にするのが理想的です。

なぜかというと、このワークではこれから過去のポジションに戻って、過去から現在の自分に至るまでに体験してきたすべてのネガティブなことがらを受け入れながら、時間軸を現在までたどることになるからです。

「ミッションリビング」のやり方

1.「メタ」ポジションから「現在」の自分を観察する

「メタ」の紙を置いた場所に立ち、そこから「現在」と書いた紙を置いた「現在」のポジションを見ます。「現在」のポジションとは、今この瞬間にあなたが体験しているエネルギーのポジションであり、「今ここ」のポジションです。

「メタ」ポジションという俯瞰的な位置から「現在」のあなたを見たとき、「現在」のポジションにいるあなたは、どう見えますか？　実際に見えなくても、「見えるとしたらこんな感じ」という姿をイメージしながら、「現在」のポジションにいる自分を観察し

てください。

「メタ」とは、「超越した」とか「高次の」という意味で、メタポジションは「今からやるワークを超越したポジション」「俯瞰的に見るポジション」です。そういった意味では「神なるポジション」と言ってもいいでしょう。

2.「現在」のポジションに入り、エネルギーを体感する

「メタ」ポジションでの観察が終わったら、「現在」の紙の場所に移動します。「現在」のポジションに入ったときの身体の感覚はどうですか？　身体は重いですか、それとも軽いですか。重い、または軽いとしたら、全身ですか。それともどこか身体の一部でしょうか。あなたの身体の温度はどうですか。温かいでしょうか、それとも涼しく感じているでしょうか。あなたの身体の感覚に注意を向けてみてください。それが今のあなたの「現在の状況」です。

3.「現在」のポジションから「未来」のポジションを観察する

「未来」のポジションに入る前に、「現在」のポジションから「未来」のポジションにいる自分を観察してみましょう。「未来」は、あなたがこの人生を去るときのポジションです。

「未来」のポジションにいるあなたはどんな表情をしていますか。どんな姿勢で、どんな感じでそこにいますか。寝ているでしょうか、それとも座っているでしょうか。

「現在」のポジションを観察したときのように、実際に見えないとしても、見えるとしたらどんな様子なのかをイメージしてみてください。じっくり観察したら、「未来」のポジションに入ります。

4.「未来」のポジションに入り、身体の感覚にフォーカスする

「未来」のポジションに入ったら、身体の感覚の違いに気づいてください。身体になんらかの感覚（身体感覚）を受けたり、感情が湧き上がってきたりするかもしれません。

自分が受け取った感覚や感情をすべて味わい、覚えておいてください。

「未来」のポジションは、あなたの現在からそのまま時系列で延びているポジションです。今のあなたがそのままのエネルギー状態で人生を歩んでいったときに迎えるであろう未来のポジションで、みなさん一人ひとりの、「人生最後の瞬間のエネルギーポジション」にあたります。

5. 紙のない場所に移動し、「ブレイク」でエネルギーをリセットする

「未来」のポジションを感じきったところで、どこか紙を置いていない場所に移動します。そこで軽くジャンプしたり、身体をゆすったりしながら、「ブレイク」(「未来」のポジションのエネルギーを身体から落としてフラットな状態にすること)します。

6. 「現在」のポジションに戻り、「現在」から「過去」を観察する

ブレイクが終わったら「現在」のポジションに戻ります。今度は「過去」のポジションを見てみましょう。

「過去」のポジションとは、あなたがこの世に生まれ落ちた、人生始まりの瞬間のエネルギーポジションです。生まれたときのエネルギーですから、過去のポジションのあなたは赤ちゃんに見えるかもしれません。過去のあなたはどんな表情をしていますか？ 泣いているでしょうか。笑っているでしょうか。

7. 「過去」のポジションに入り、「現在」まで歩きながらネガティブを変換する

「過去」のポジションに入り、身体の感覚に注意してみてください。なにか感情が出てくるかもしれないし、イメージが浮かんでくるかもしれません。

ここで、あなたがこの世に生まれ落ちてから感じてきたネガティブなエネルギーを受け入れ、ポジティブなエネルギーに変換していきながら、「過去」から「現在」へと戻ってきます。第2章で紹介した「なほひかへ」をやり、「変換、変換」「かへ、かへ」と言

いながら「現在」のポジションまでゆっくり進んでください。
「現在」のポジションに入ったら「終了のポーズ」（P42参照）のように、両手の指同士をそれぞれ交差させて組み、「ありがとうございます」と3回唱えます。

〈「なほひかへ」のアクション〉

①合掌して「我、大いなる光とひとつなり」と3回唱えましょう。このとき、声に出しても出さなくてもけっこうです。

②唱え終わったら両手を前に出し、「受容のポーズ」（P38参照）をします。両手のポジションを保ったまま、「私のすべてのネガティブなエネルギーを受け入れます」と宣言してください。宣言しながら、すべてのネガティブなエネルギーをあなたの左の手のひらに乗せているとイメージします。

③ネガティブなエネルギーが手のひらに乗ったと感じたら、左手に右手を添えて「変換のアクション」（P39参照）のように両手を組み、両方の親指を天に向けて立てます。

その手の形を保ったまま、両手を上下に軽く振ります。左手の中にあるネガティブなエネルギーを振りながら、心の中で「変換、変換」「かへ、かへ」と唱えましょう。

「過去」から現在のポジションまで歩くのは、時間軸をたどって、過去のあなたから今のあなたまで戻るということです。過去には後悔がありますよね。自分で決めてやってきたことなのに、それを認められない自分がいると思いますが、それを「なほひかへ」ですべてクリアリングします。

過去から現在のポジションに戻る間に、過去の自分に対するネガティブな感情が湧いてくるかもしれません。また、自分自身がやったことばかりではなく、周りから自分が受けた悲しみや怒りなどのネガティブな記憶がよみがえってくることもあるでしょう。こういった感情や記憶をしっかり認めて受け止め、変換するために、「過去」から「現在」のポジションまでの間は距離を取っているんです。

8.「現在」のポジションを体感し、「祝福」を観察する

「なほひかへ」の動作を続けながら「現在」のポジションに入ります。最初に「現在」のポジションに入ったときの感覚との違いに気づいてください。「過去」から戻ってくる前にいた「現在」のポジションよりも気持ちがすっきりしている、軽い感じがする、視界が広く感じるなど、なにかしら違いがあると思います。その変化を体感してください。

そして、「現在」のポジションに立った状態で、今度は「祝福」のポジションを見ましょう。「祝福」のポジションにいるあなたは、どのように見えますか？　もしかしたら、「祝福」のポジションのあなたは大きい存在に見えているかもしれません。あるいはピカピカと輝く光が見えるかもしれません。心から感謝しているあなたの笑顔しか見えないかもしれません。どのように見えたとしても、それは間違いなくこの世界に感謝して去るポジションにいる、あなたです。

9.「祝福」のポジションで、心地いい感覚を全身に広げる

「祝福」のポジションに入ったら、身体の感じを味わってください。ここは、あなた

がこの世界を去るときに、すべての存在と、自分の人生すべてに感謝し喜んでいる、あなた自身がいるポジションです。あなたは今、それをどのように感じますか。どのような感情と身体の感覚を受け取っているでしょうか。感謝の気持ち、「ありがとう」と自分を祝福しているエネルギーなど、あなたが受け取った感情や思い、光を身体の中に目いっぱい感じ、それをさらに輝かせてください。

「祝福」のポジションであなたが味わっている感覚のうち、いちばん心地よいと感じるのはなんでしょう。その感覚は身体の中のどこにありますか？　身体の特定の部分、あるいは全身に感じているかもしれません。色でそれを感じている人は、その色を光輝かせて、もっと広げていってみてください。色で感じる以外のどんな形であれ、あなたが受けたエネルギーが光輝き、あなたの中でさらに広がっていくようにイメージしてみてください。

10.「祝福」と「未来」のエネルギーを融合させる

全身に広げた祝福の感覚を深く味わったら、その思いを持ったまま「未来」のポジションに入りましょう。ここではブレイクしません。

「祝福」のポジションから直接「未来」のポジションに入るのは、ワークをする前のあなたがこのまま生きていってたどり着く未来のエネルギーと、祝福の未来のエネルギーとを融合させるためです。どちらもあなたが経験するものなので、ここで２つを融合させて、よりよきものに変えます。

11.「未来」から「現在」のポジションに移動し、祝福のエネルギーを融合した感覚を味わう

「祝福」と「未来」のポジションのエネルギーを融合し、その感覚を味わったら、「現在」のポジションに移ります。ここでもブレイクはしません。今、立っている「現在」のポジションは、先ほど立っていた「現在」のポジションとは違います。その感覚の違いを感じてください。

12.「現在」から「メタ」ポジションに移動し、最初の自分との違いに気づく

「最高の人生を歩むことを知っている現在のあなた」を感じながら、「メタ」ポジションに移ります。「メタ」ポジションから「現在」の自分を観察して、最初に見た「現在」の自分との違いに気づいてください。「最高の人生を生きたエネルギーを持っているあなた」は、どのように見えていますか？　実際に見えなくても、見えるとしたら、どんな様子なのかを感じてください。じっくり観察したら、「メタ」ポジションから「現在」のポジションに戻ります。

13.「現在」のポジションに戻る

神なる俯瞰的な位置の「現在」のポジションから、今いる「現在」のポジションに戻ってきたところで、「ミッションリビング」のワークは終了です。

おめでとうございます！　ワークを終えて「現在」のポジションに戻ってきたあなたは、このワークをする前のあなたからシフトした、別のあなた、新しいあなたです。

次のページでは「ミッションリビング」の手順をイラストで紹介していますので、
前述の手順と合わせてご覧になってください。

「ミッションリビング」をやってみよう

白い紙（使いやすければ大きさは問いません）を5枚用意し、それぞれに「メタ」「現在」「過去」「未来」「祝福」と書き、このイラストのようにポジションを決めましょう。

1.「メタ」ポジションから「現在」の自分を観察する

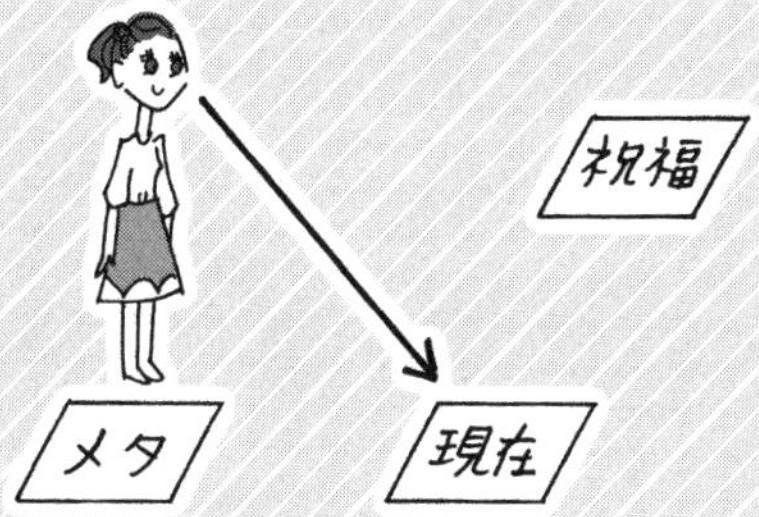

「現在」は「今ここ」のポジションです。俯瞰的な「メタ」ポジションから「現在」のあなたを見たとき、「現在」にいるあなたはどう見えますか？　どんな表情で、どんな姿勢でいるのか、「現在」のポジションにいる自分を観察してみましょう。

2.「現在」のポジションに入り、エネルギーを体感する

「現在」のポジションに移動し、身体の感覚に意識を向けてみましょう。身体は重いのか軽いのか。またそう感じたのは全身でしょうか。あるいは、どこか身体の一部でしょうか。あなたの身体は温かいでしょうか、それとも涼しく感じますか？

3.「現在」のポジションから「未来」のポジションを観察する

「現在」のポジションから「未来」のポジションにいる自分を観察してみましょう。「未来」のポジションにいるあなたは、どんな表情で、どんな姿勢でそこにいるでしょうか。

4.「未来」のポジションに入り、身体の感覚にフォーカスする

「未来」のポジションに入ったら、身体の感覚の違いに気づいてください。身体になんらかの感覚（身体感覚）を受けたり、感情が湧き上がってきたりするかもしれません。自分が受け取った感覚や感情をすべて味わい、覚えておいてください。

5.「ブレイク」でエネルギーをリセットする

「未来」のポジションを出て「ブレイク」します。どこか紙の置かれていない場所に移動して、軽くジャンプをしたり、手首を振ったり、身体をゆすったりしながら、「未来」のポジションのエネルギーを身体から落とします。

6.「現在」のポジションに戻り、「現在」から「過去」を観察する

「現在」のポジションに戻り、「過去」のポジションを見てみましょう。「過去」は、人生の始まりの瞬間のエネルギーポジションですから、あなたは赤ちゃんに見えるかもしれません。過去のあなたはどんな表情をしていますか？

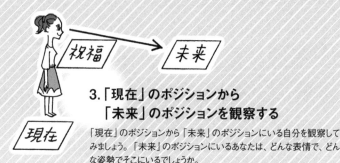

7.「過去」のポジションに入り、「現在」まで歩きながらネガティブを変換する

「過去」のポジションで身体感覚を味わったら、ネガティブなエネルギーをポジティブに変えながら「現在」へ戻ります。このとき、「なほひかへ」を行いながらゆっくり進みましょう。

「なほひかへ」の手順

①合掌して「我、大いなる光とひとつなり」と3回唱えましょう。

②両手を前に出し、「受容のポーズ」（P38参照）をします。両手のポジションを保ったまま、「私のすべてのネガティブなエネルギーを受け入れます」と宣言してください。このとき、すべてのネガティブなエネルギーを左手に乗せるとイメージします。イメージができたら「変換のアクション」（P39参照）のように両手を組み、心の中で「変換、変換」「かへ、かへ」と唱えましょう。唱えながら「現在」までゆっくり進みます。

③「現在」のポジションに入ったら「なほひかへ」をやめ、「終了のポーズ」（P42参照）のように両手を組み、「ありがとうございます」と3回唱えます。

8.「現在」のポジションを体感し、「祝福」を観察する

「現在」のポジションに戻ったら、最初に「現在」のポジションに入ったときの感覚との違いを感じましょう。 感じ終わったら「祝福」のポジションを観察してください。この世界に感謝して去る「祝福」のポジションにいるあなたは、どんなふうに見えますか?

9.「祝福」のポジションで、心地いい感覚を全身に広げる

「現在」から「祝福」のポジションに入ります。「祝福」は、あなたが「最高の人生」を生きたことに感謝し、自分を祝福してこの世を去っていく直前のポジションです。その心地いい感覚を十分に味わい、全身に広げましょう。

10「祝福」と「未来」のエネルギーを融合させる

祝福の感覚を持ったまま「未来」のポジションに入ります。あなたの潜在意識は祝福のエネルギーを体感済みなので、「未来」のポジションに入ればエネルギーが融合され、よりよいエネルギーに変わります。

11.「未来」から「現在」のポジションに移動し、祝福のエネルギーを融合した感覚を味わう

「現在」のポジションに戻ったら、最初に「現在」のポジションに入ったときの感覚との違いを感じましょう。

12.「現在」から「メタ」ポジションに移動し、最初の自分との違いに気づく

「最高の人生を歩むことを知っている現在のあなた」を感じながら、「メタ」ポジションに移ります。「メタ」ポジションから「現在」の自分を観察して、最初に見た「現在」の自分との違いに気づいてください。じっくり観察したら、「メタ」ポジションから「現在」のポジションに戻ります。

13.「現在」のポジションに戻る

神なる俯瞰的な位置の「現在」のポジションから、今いる「現在」のポジションに戻ったところで、「ミッションリビング」のワークは終了です。ワークを終えて「現在」のポジション戻ってきたあなたは、このワークをする前のあなたからシフトした、新しいあなたです。

新しいあなたとしての行動

「ミッションリビング」のワークはこれで終わりですが、すでにあなたはシフトしていますから、ぜひ「新しい自分」として行動してみてください。

「最高の人生を生きる」と決めてこのワークをやったあなたは、新しい自分になりました。つまり、新しい世界を生きることになるんです。一見、今までとなにも変わらない世界にいるように見えても、新しい世界に移っているんです。

そこで、今までの自分が一度もしたことがなかったことを、この「新しい世界」でなにかひとつやってみましょう。

それはちょっとしたこと、簡単にできることでかまいません。

たとえば、コンビニで今まで買ったことがなかった高級なアイスクリームを買ってみる、買い物したときのお釣りをレジの募金箱に寄付してみる、といった小さなことでいいんです。

こんなふうに、「新しい自分」として行動することは、あなたのエネルギー的な変化をこの現実にもたらす呼び水としての役割を果たしてくれるんです。

ただ、「毎朝5時に起きてジョギングする」など、今までしていなかったことで難易度の高いこと、習慣化させなければならないこと、自分ではできそうもないなと思ってしまうようなことは避けたほうがいいでしょう。その行動がとれないとき、せっかくシフトした自分がもとの自分に戻ってしまう可能性があるんです。そして、せっかくやるなら、ポジティブな行動がいいですよ。

これは、私のエネルギーワークを受けてくれた方に、「帰りになにかひとつ新しいことをしてみてください」とお伝えしたときのエピソードです。

彼女は今まで行ったことのなかったデパートに立ち寄り、今まで使ったことのない化粧品ブランドのカウンターでメイクをしてもらい、さらにそのとき、自分では使ったことのない色を使ってもらったそうです。

「今までにやったことがない新しいことをひとつやる」と言われたとき、女性にはこんな楽しみ方もあるんだなと思いました。今までにつけたことのない色をまとった自分を鏡で見たら、本当に新しい自分になったんだということを視覚でも認識できるでしょうし、なにより彼女がとても嬉しそうに報告してくれたことが、私も嬉しかったんです。

このように、「今までの自分がしたことのない新しい行動を取る」目的は、新しい自分になったよと、この世界に印を残すことなんです。

私はつねに「この世界に印を残すこと」の大切さをお伝えしていますが、これは目に見えないエネルギーの世界であなたに起こった変化を、あなた自身が行動に移すことで、この現実世界で実現させやすい状態にしているんです。自分が今までしたことがないことを考えるのも楽しいので、ワークをしたその日のうちに、なにか新しいことをひとつやってみてください。

そして、シフトしたあなたがいる「新しい世界」は、それまでいた世界とは違うわけですから、想像もしなかったような「なにか」が起こります。それはポジティブなことかもしれませんし、ネガティブなことかもしれませんが、起こった出来事がなんであれ、そのまま受け入れてくださいね。もしネガティブなことが起こったとして、「ああ、自分はやっぱりツイてないんだ」と、その出来事にあなたが振り回されてしまったら、せっかくシフトしていたのに、もとの世界に戻ってしまうかもしれないんです。

出来事というのは本来、中立的で、意味はないんです。「これはいいことだ」「これはツイてない」と意味づけしているのは、あなた自身なんですよ。だから、「ミッションリビング」のワークをしたあとに起きたことは、単なる「変化」だととらえ、すべて受け入れてしまいましょう。

「ミッションリビング」のワークは何度やっても問題ありませんし、むしろやるたびにどんどん効果が深まっていきます。

「ミッションリビング」を繰り返しやることで、あなたの人生は、最高の人生になることが決まっている「出来レース」のようになります。あなたはなにがあっても揺るがなくなり、ネガティブなことが起こったとしても、「あれ、こんなの来たんだ。でも、これは私が最高の人生に行くための贈りものなんだから大丈夫」と、潜在意識の奥底で余裕を持っていられるでしょう。

この世界は並行宇宙にあり、私たち一人ひとりが無数のパラレルワールドを持っています。だから、自分のやりたいことや使命を変えたくなったら、ぜひ変えてください。もっと違ったことをやってみたくなったら、新しいことに挑戦していけばいいですし、その自由度を私たちは持っているんです。

最初に用意した5枚のポジションの紙は繰り返し使えますので、自分がやってみたいと思ったタイミングで、ぜひまた「ミッションリビング」のワークをしてみてください。

グループ意識の力

私が初めて「ミッションリビング」を紹介したのは、ワークショップという体験型講座の場でした。ワークショップに参加したことがない方の中には、「本に手順が書かれているのに、なんでわざわざ参加しなければいけないの?」「ワークショップに出ないと、テクニックは使えないの?」なんて考える方もいらっしゃるかもしれません。

私はよく、ワークショップはコンサートのようなものだとお伝えしています。

あなたに好きなアーティストがいたとしましょう。あなたが自宅に素晴らしいオーディオセットを持っていて、録音された音源をひとりで楽しむのも素晴らしい体験だと思いますが、実際にコンサート会場に行き、大好きなアーティストのパフォーマンスを目の当たりにするのは、また違った体験です。

自宅にCDなどの音源を持っているのに、どうしてもコンサート会場で聴きたくて、がんばってチケットを取る人はたくさんいますよね？　全国ツアーをするアーティストだったら、それぞれの地方でのコンサート内容はほとんど同じかもしれないのに、ひとつでも多くの会場で見たいと思う人たちも少なくありません。

そして、そこでは、あなたと同じようにそのアーティストのパフォーマンスを楽しみに会場にやってきた人たちの熱気やワクワク感、コンサートの臨場感を肌で感じられるんです。

この場にいれば、ひとりで音源を聴いているときには得られないエネルギーがもらえると思いませんか？

それに、ワークショップの内容が本に書かれていることと同じだったとしても、直接話を聞いたり、身振り手振りを交えて説明されたりすると、より深くそのワークがわかるというのは、みなさんも体験したことがあるんじゃないでしょうか。

私のワークショップに何度も参加してくれている方の中には、教えてもらうテーマは同じなのに、説明のしかたや切り口が少し違ったり、何度かその説明を聞くことで、自分の理解やテクニックの習熟度が上がったりしたと言ってくれる方もいます。

そして通常、ワークショップには数十人単位の受講者が集まります。複数の人が同じワクワクのエネルギーを持って講座を受講すると、それだけで場のエネルギーがどんどん高まっていきます。

よく、海に浮かぶ氷山のイラストを使って、氷山の海面に出ている部分が潜在意識、海中に沈んでいる部分が個人的無意識または潜在意識だ、と説明されることがありますが、ワークショップという場では、その「海に浮かぶ氷山」が受講者の数だけあり、海中に沈んでいるそれぞれの「個人的無意識または潜在意識」の部分はひとくくりになって「グループ意識」としての新たな力を生み出します。

グループ意識とは、心理学者のユングが提唱した「集合的無意識」に近いものです。私はワークショップの参加者のグループエネルギーを毎回見て、そのときに参加いただいた方に最も適した話し方やエネルギーワークをしていますし、ワークショップで形成されるグループエネルギーは、毎回違ってきます。

ワークショップの参加者が、自分のスピリチュアルスペースやグループ意識に情報を上書きしていくと、個人の考えを超えたところから、場のエネルギーがさらに参加者をサポートしてくれるんです。

こういった理由から、空間を使うのが特徴的なＳＳＥは、集団でやるとさらに効果がアップします。機会とご縁があれば、ぜひ一度私のワークショップを体験してみてください。

この本自体がエネルギーグッズ!

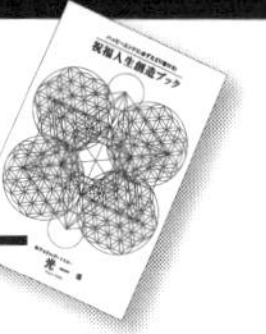

光一オリジナルの多層幾何学図柄「MLS」《ミッションリビングサポーター》に封入された「最高の人生」を歩むためのサポートエネルギー

この本の表紙(カバーの下)にある図柄MLS(ミッションリビングサポーター)には、あなたが「最高の人生」を歩むためのサポートをしてくれるエネルギーを封入しています。

このMLSの上にあなたの持ちものを置くと、置いたものに「あなたの最高の人生」を生きるエネルギーがチャージされる仕掛けです。

つまり、この本はワークブックであり、スピリチュアルを深めるための知識が詰まっている上に、この本そのものがエネルギーグッズだという、メリットだらけの本なんです。

ここでは、MLSを使ったエネルギーチャージの方法をご紹介しましょう。

たとえば、日常的に使っている携帯電話や眼鏡、ペンなどを置いてもエネルギーがチャージされますし、特に石はMLSと波動共鳴を起こすため、あなたのお気に入りの石を置けば、あなたの「最高の人生」をサポートしてくれるツールになります。

ペットボトルに入ったミネラルウォーターを置いてみるのもおすすめです。まず未開封のボトル入りミネラルウォーターを用意し、封を開けて、その味を確認してみてください。封を開けたばかりの水の味を覚えておいて、そのボトルにまた蓋をし、MLSの上に置いてみましょう。エネルギーがチャージされた水の味はどうですか? チャージされる前と違っていませんか? エネルギーがチャージされた水も、あなたが「最高の人生」を歩むサポートをしてくれるでしょう。

MLSは上にものを置いてチャージするだけでなく、寝るときに枕元に置いたり、枕の下に入れたりするのもおすすめです。日中、バッグなどに入れて持ち歩くのもいいですね。この本を持ち歩いたり、就寝時に身近に置いたりすることで、あなたとこの本との波動共鳴が起こりやすくなります。

MLSの上にものを置いておく時間は特に決まっていません。あなたが「そろそろいいかな」と思ったタイミングで大丈夫です。

MLSをつくるにあたり、実際に「最高の人生をサポートするエネルギー」が入っているかどうか、筋肉反射テストで試してみました。

まず、MLSの上で携帯電話にエネルギーをチャージしてから、筋肉反射を取るのと逆の手の脇の下に携帯電話を挟み、「私は最高の人生を生きています」と言って、筋肉反射を確認したんです。すると、潜在意識は「YES」反応を返してきました。もしご興味があれば、ご自身でも確認してみてくださいませ。

また、この本自体にエネルギーが封入されていますので、本を手に持って自分の周りのオーラフィールドをなでる感じで動かすと、あなたのオーラフィールドが浄化されます。

この本をお読みいただき「ミッションリビング」のテクニックを実践したうえでMLSを活用していただけば、あなたはつねに「最高の人生」を歩んでいけるよう、サポートされ続けます。

第4章

自分軸を整える

自分軸を整え、使命を意図した人生を生きる

第1章でお話ししたように、「ミッションリビング」とは、自分の使命を意図して生きられるようになるテクニックです。そして私は、使命とはやらなければならないことではなく、私たちの魂が本当にやりたいことであり、私たちの魂を輝かせることだと考えています。

この世に生を受けて、「やらなければならないことがある」というのは非常に強制的だと思いませんか？　「あなたはこれをしなければダメですよ」「成功するためにはこうするべきだよ」というのは束縛的で、個人の選択権がありませんよね。

自分がやりたいことをやっているとき、人はいきいきとして喜びに満ちあふれているはずです。自分がやりたいことを精一杯やりきる人生を送ったとしたら、この世界を去るときに、幸福感、充実感、感謝の念に満たされて、自分の人生を祝福し、自分自身と周りの存在すべてに心から「ありがとう」と言って去っていくことできるでしょう。

でも、魂がやりたいことを見出せないままに人生を歩んでしまうと、「こんなはずじゃ

なかった」という後悔が、人生の最期に生まれてしまうかもしれません。

せっかく最高の人生を歩もうと思っているのに、なにが私たちの意志を邪魔してしまうんでしょう?

その正体とは、私たちが知らないうちにブレさせてしまっている自分軸です。

自分軸を持っている人というのは、芯が通っている人とも言えますが、自分のあり方や、やりたいことを自分で決められて、周りに流されたりしない人のことです。

「私は自分のやりたいことは自分で決めているし大丈夫」と思うかもしれませんが、実はここにトリックがあります。

今あなたが自分で決めてきたと思っていることも、実は知らないうちに他人の影響を受けているかもしれないんです。


あなたのやりたいことがあなたの使命だとお伝えしましたが、あなたにとっての「やりたいこと」はなんでしょう?　すでに具体的なイメージを持っている方もいらっしゃるかもしれませんが、ちょっとそれについて考えてみてください。

今あなたが思い描いている理想の人生は、本当にあなたが心から望んで選んだものなのでしょうか？

なぜこんなことを聞くのかというと、私たちが自分で選んだと思っていることも、実は知らず知らずのうちに周りの影響を受けて、他人の信念体系や思考を自分のものだと思い込んでいる可能性があるからなんです。

「いい大学に入って、いい就職先を見つければ幸せになれるし、安定した幸せな人生を送れる」というのはよく聞く話ですよね。あるいは、「男性にとっての幸せは、家庭を築いて子どもを育て、一軒家を建てて、休日は大型ワゴン車で家族旅行することだ」なんていう理想像を聞くことがあるかもしれません。

でも、これは「自分のあり方」ではなく、「これを持てば幸せになれる」という、物質主義的な価値観を刷り込まれているだけではないでしょうか。

お金を持つ、いい家を持つ、弁護士や医師の資格といった素晴らしいキャリアを持つなど、私たちは「これを持ったら幸せになれるんですよ」ということを教え込まれてきています。この罠に気づかないと、自分が望む人生とのギャップが生じてしまうんです。

たとえば、はたから見たら超一流大学や大学院を卒業して、大企業や官公庁に就職し、着実にキャリアを積んでいるように見えたエリートが、ある日突然、命を絶ってしまったりするケースって、ありますよね。

周りは「なんであんなに頭脳明晰で才能のある人が亡くなっちゃうの？」とびっくりするわけです。私たち一般人は、そんな仕事は辞めればいいのに、と思いますが、たぶん彼らはそこに気づけなかったんですよね。

地位が大事になったことで、自分がその地位と同一化してしまったり、世間の理想像という「他人軸」が自分軸になっていたりするせいです。そこに気がついて自分らしく生きればいいのに、それがなかなかできないのは、順調にたどってきた道を外れたら幸せの定義からも外れてしまう、と思い込んでいるからです。

今、自分が「これが幸せだ」と思っていることが、本当に自分の考えなのかどうか、私たちは一度、棚卸しをしてみたほうがいいかもしれません。もしかしたら、今あなたが「これが自分の人生だ」と思っていることは、あなたではない誰かの考えかもしれないからです。

先ほどお話しした「男性にとっての理想の人生」に当てはまらなくても、いきいきと毎日を過ごしている人はたくさんいます。独身で自分の好きなことをして充実した時間を過ごしている人もいれば、夫婦ふたり暮らしで子どもがいなくても、お互いを思いやりながら楽しく暮らしている人たちもいます。

他人の視点から見た「最高の幸せのモデル」を刷り込まれ、それが実現しないと自分は幸せになれないんだと思い込んでしまうと、自分にとっての幸せな人生を歩めなくなってしまう可能性があるんです。そんな状態を、私は「ボックスに入る」と呼んでいます。

ボックスを超えて、変容を起こす

テレビや雑誌などのメディアが繰り返し広めているイメージや情報、家族や親せき、または友人の考え方、そして先祖から脈々と伝えられている信念体系など、私たちはさまざまな外的要因に取り巻かれています。この外的要因を無意識のうちに受け入れてしまった私たちは、いつの間にかそれが自分の考えだと思い込んだりします。

そういった他人の考えが潜在意識に刷り込まれている状態は、小さなボックスの中にとらわれているようなもの。これは、ひとつの固定概念にとらわれ続けているのと同じことですから、どんなに画期的なメソッドを使って自分を変えようとしても、変容を起こすことは難しいと思います。ボックスに入ったままでは、同じことの繰り返しのような人生を歩むだけなんです。

でも、なにかのきっかけで自分がボックスにとらわれていることに気づいて、それまでの思考や信念体系を書き換えたり、クリアリングしたりすれば、ボックスの壁や天井に穴が開いて、その向こうに別の世界が広がっていることに気がつきます。

「もしかしたら、自分が思っていたよりも世界は広いのかもしれない」と思えた

●シフトの効果

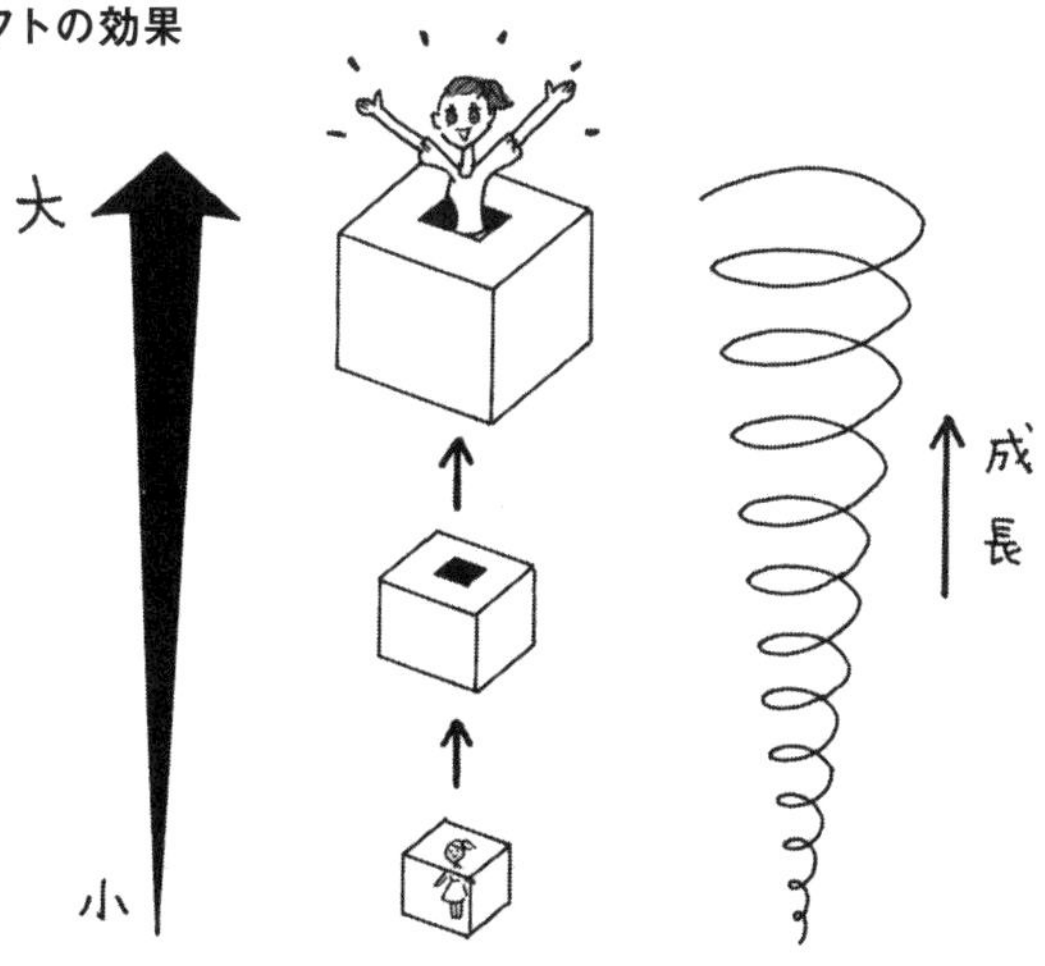

とき、あなたのボックスは一回り大きくなります。

ボックスが大きくなれば視野も広がり、あなたはそれまでいた位置よりも一段階レベルアップします。これが「シフト」と呼ばれる成長です。

シフトすると、今までの自分から一段階上がったところに行けるので、それまで気になっていたことや困難だと感じていたことを、俯瞰的に見られるようになります。そうすると、それまでのあなただったらイライラしていたようなことに対して、「あんな小さなことで悩んでいたなんて、バカだったな」と思えるようになったりするんです。

一段階上がったあなたなら、今までと同じようなトラブルに遭ったときに以前と違ったとらえ方ができますから、簡単にクリアできるんです。それに、ボックスが広がると選択肢が増えますし、行動範囲も広がります。

それとは反対に、私たちは一段階下がるという道を選ぶこともできるんです。

ファンタジーやSF物語には、善と悪、光と闇との戦いなどがよく描かれますよね。主人公の光の戦士がいて、その対極には強大な闇のボスがいる――これは、どちらも自分が選択した結果です。神様や宇宙は、私たちが自分で決めたとき、その決断を支援してくれるからです。

ただ、神様や宇宙が支援してくれるときは善悪の判断がありません。あなたの決断を後押ししてくれるだけですから、この世界から争いや戦争がなくならない、という結果も生まれてしまうわけです。

もともとネガティブで、陰陽のバランスが陰に向かっている人の人生は、マイナス思考に傾いています。たまたまそのバランスが陽に向いていいことが起こったとしても、「オレの人生がよくなるのはおかしい。オレはどうせ不幸だし、どうせなら悪魔になりたいんだ」と思ったとしたら、その人の望むとおり、下方向にシフトしてしまいます。

そして、ファンタジーの世界であれば、光の方向にシフトすることを選んだ者には光の力が、闇の方向にシフトすることを選んだ者には闇の力が、同じくらい強力に与えられます。

自分の人生は自分にしかつくれませんから、あなたが決めたことがあなたの人生になるんです。

自分の人生を上昇していく成長のドラマとするか、あるいは下降していくドラマにするかは、あなたが決めることです。あなたの人生は、あなたにしか決められないいんですから。

このことがよくわかる状況は、私たちの身近にもあります。

「なんで神様は私を助けてくれないの！」「なんで神様は私につらいことばっかりさせるのかしら」と嘆く人がいますが、それはその人が無意識のうちにそれを選んでしまっているからです。あなたが決めたことを、神様は応援し、後押ししてくれているだけなんですよ。だからこそ、私たちは自分が本当に望んでいることや、どんな人生を歩みたいのかを自分で決めて、潜在意識を整えることが大切なんです。

「Be、Do、Have」で幸せのサイクルを生きる

ここで、他人から思考を刷り込まれている例をもうひとつお話ししましょう。これは本当に多くの人が引っ掛かっているトリックです。

先ほど、私たちは他人の考える「幸せ」を自分の「幸せ」だと思い込まされているという話をしました。

「成功者」と呼ばれたり、「あの人は幸せな人生を送ってるよね」と言われたりするには、

まず「なにか」を手に入れるために行動し、その「なにか」を手に入れないと、望んだステータス（状態）にならないという思い込みです。

世間でよく言われる「成功者」は、高級外車に乗って、夜景が素晴らしい都会の高層マンションに住み、飛行機のファーストクラスで世界中を飛び回ったりするイメージがあると思います。そして、そういう人生を送るのが「成功者なんだ」という情報をインプットされ続けると、高級外車や高層マンションなどのアイテムをがんばって引き寄せようとしたりする人も出てきます。

でも、本当にそれが「成功者」なんでしょうか？

男性雑誌では、こんな写真をよく見ます。

札束がたくさん入ったお風呂にいる男性の周りには美女がいっぱい。手にはワイングラス、背後には高級外車――そんな強烈なインパクトのイメージ写真とともに、商品が宣伝されています。そこで宣伝されている商品を購入すれば、やがてこんな人生が手に入りますよ、という広告ですね。

要は望むものを手に入れる（Ｈａｖｅ）ために、まずはそれを得るための行動を起こして（Ｄｏ）、それを手に入れたら、あなたは幸せな状態（Ｂｅ）になれますよ、という刷り込みです。

このイメージ、私は違うと思っています。なぜなら、このプロセスをたどろうとすると、私たちはなにか特定のもの、しかもこのイメージを説く人たちが具体的に挙げたものを持たない限り、「幸せな成功者」にはなれないことになってしまいます。

実際、ここに引っ掛かってしまう人が本当にたくさんいるんです。でも、よく考えてみてください。本当にそれはあなたが欲しいものでしょうか？

私たち一人ひとりがそれぞれ幸せな成功者になるためには、まず自分自身のあり方にフォーカスすることが大事です。他人から成功者と見られたり、幸せな人生を送っている人だと思われたりするかどうかは、本来どうでもいいこと。あなた自身が充実して、幸せな人生を送っていると実感すること以外に、大切なことなんてないんです。

もちろん、世の中には高級外車に乗って幸せを感じる人もいるでしょう。でも、家族を大切にしている人だったら、高級外車よりもみんながゆったり楽しく乗れるワゴン車の方が楽しいでしょうし、小回りが利いて使い勝手のいい軽自動車に乗っているときがいちばんワクワクする、という人もいると思います。車を持たない方が幸せな人だっています。

都会の高層マンションよりも、緑あふれる田舎で一軒家に住み、農業などをやって暮らす方が断然幸せだと思う人もたくさんいるでしょう。幸せの基準、成功者の基準なんて誰にも決められませんし、あなたの幸せを決められるのはあなただけなんです。

私は、世間で言われているのとはまったく逆で、私たちはまず自分のあり方（Be）を整えればいいと思っています。それができれば、自然とそのあり方に行動（Do）が伴い、いつの間にか自分にとって幸せで素晴らしいことが手に入る（Have）んです。

私がいつも繰り返し伝えているのは、

●Be、Do、Haveのサイクル図

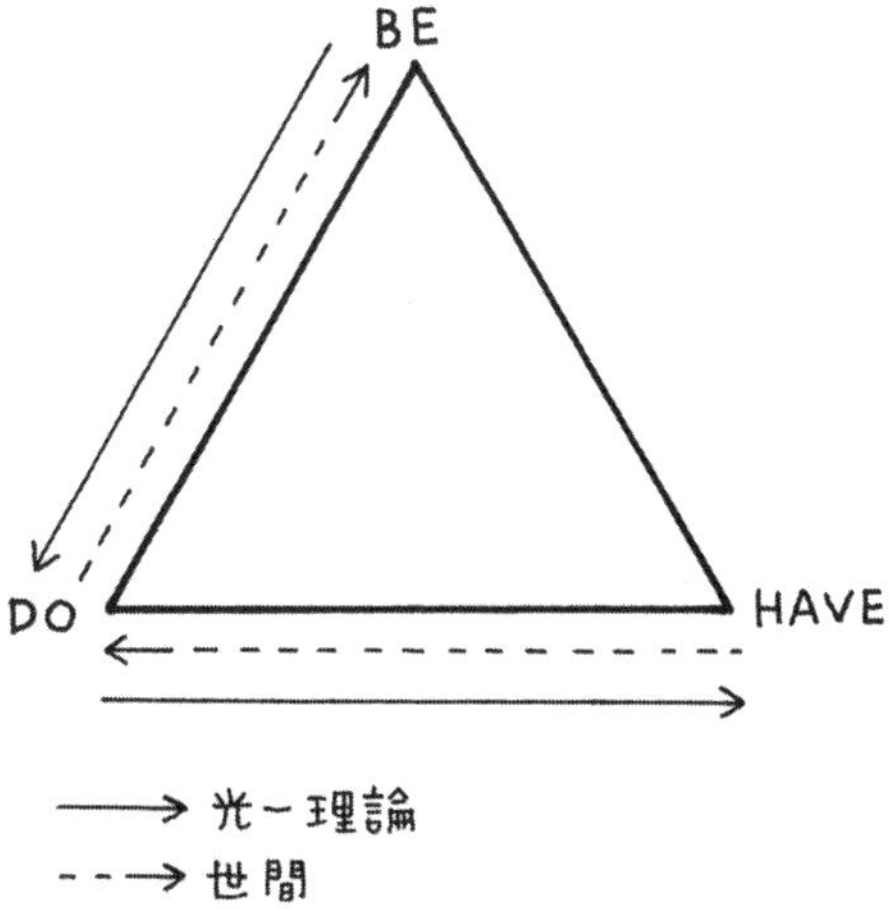

幸せだと感じる理由は、あとからついてくるということ。まずは、あなたが幸せな状態であることが大切なんです。

私たちはずっと昔から、幸せである理由を追求するように刷り込まれてきましたが、本当の幸せはそうではありません。

まず、あなたが無条件に幸せな状態になりましょう。そうすると、自然と「幸せな人」としての行動を取るようになり、やがては想像したこともなかったのに、手に入ってみたら幸せだと思うものや状況が、あなたのもとに訪れますよ。

それぞれのあり方を認めて美しく咲く

種の状態のままでは、その種からどんな花が咲くのかわかりませんよね。

「そんなのは種の形でわかるだろう」という意見は、ここではいったん外に置いておきます。

花の種というのは、それぞれひまわりになったり、バラになったり、チューリップになったり、菊になったりする可能性を持っています。でも、「チューリップになるのが〝成功者〟です。だからうちのセミナーに来てください。そうすれば、みなさん最高のチューリップになれますよ」ということが、世間ではさんざん言われてきました。

でも、これが大きな間違いなんです。

一人ひとりの個性が認められる世界であれば、あなたがもともとひまわりだった場合、ひまわりとして本当に美しく咲くことができるんです。でも、チューリップになろうとしたひまわりは、たぶんひまわりとしての個性を発揮することはできないでしょう。

同じように、ユリの花になるはずの存在が「チューリップになるのが最高なんだ！」と刷り込まれてきたら、チューリップになろうとがんばりますが、もちろんチューリップにはなれません。それどころか、ユリである自分を輝かせることもできず、きれいに咲けないまま終わったりするんです。

私は、なにか特定のものを成功のお手本にするのではなく、それぞれのあり方を認めればいいんだと思っています。

花の種と同じように、私たちにはそれぞれの個性をもつ魂があります。個性の根底にある魂を認めてあげたとき、その人は美しく咲くことができるんです。咲く花がチューリップなのか、ひまわりなのか、バラなのか、その違いだけで、それぞれが最高の自分を発揮して咲き誇るのが最高の人生ではないでしょうか。

この世界にはさまざまな種が存在していますが、さまざまな存在が共存しているからこそ、世界に調和が生まれます。そもそも、魂のレベルでは区別も差別もありません。すべての存在は突き詰めれば直霊ですから、それぞれ光り輝いていて、深いところではみんながひとつであることがわかると思います。

魂はけがれのない純粋なものですが、そこにいろいろなフィルターが何層にもかかって一人ひとりの個性をつくり上げています。私たちはその多層的に重なったフィルターを介してお互いを認識しているんです。そして、一人ひとりを尊重していくことが、自分を尊重することにもつながります。これが「多様性の理解」ですね。

これまでは「みんな、最高のチューリップになろうぜ！」と、みんなで同じ成功者像を追い求めるような時代でした。そんな中で、「自分は自分の道を行くんだ」「自分は素晴らしいひまわりになるんだ」とがんばっていたら、いじめられたり、圧力をかけられたりすることもありました。みんなに同じことを追求させることを商売としている人たちの邪魔になるからです。

ただ、これからは自分で選ぶ力をつけ、自分で決められる人たちが増えてくると、私は思っています。もう、みんながチューリップを目指す時代ではないんですから。

他人の考えに左右されていることに気づく

今、こう言っている私も、若いころは相当な「迷える子羊」でした。

大学時代に住んでいたアパートの押入れには本をぎっしり詰め込んでいて、まるまる一間《いっけん》が本棚状態でした。

私は若いころからスピリチュアルおたくでしたから、勉強そっちのけで宗教、哲学、心理学、心霊学からポップ哲学と呼ばれるジャンルまで、生き方に関するありとあらゆる本を読み漁っていました。中には心霊系や死についての本もたくさんあったので、私の部屋に遊びに来た友人にうっかり見られてしまったとき、「お前、気持ち悪いな」と言われるほどでした。

確かに、心理学や心霊についての本を押入れにたくさん隠し持っていたら、気持ち悪がられますよね。

私はその蔵書を、自分の人生がうまくいっていないと思ったときに引っ張り出しては読み、大事だと思ったところには赤線を引いたりしながら、何度も繰り返しインプットしていました。読み終わるころには本の内容に励まされて「もうこれで自分は大丈夫だ、絶対に成功する！」という気持ちになったことは、一度や二度ではありません。

でも、そんなに大事にしていた本をどんなに熟読し、書いてあることを実践しても、なにひとついい結果は出ませんでした。成功哲学も願望実現も、私には効果がなかったんです。

大学を卒業して社会人になってからもその傾向は変わらず、何度もつらい目に遭ったので、あるとき私は絶望して、押入れの本をすべて捨ててしまいました。すると不思議なことに、それまで見えていなかったことが見えるようになったんです。

つまり、自分が持っていた本にあまりにも執着していたせいで、自分軸がブレてしまっていたことに、本を処分してようやく気づけたんです。

私は子供のころから本が大好きで、本に支えられて生きてきました。今でも本は大好きですが、押入れいっぱいの本を読みふけっていた時代は、明らかに本に依存していたんだと思います。他人の成功者像を自分の人生に持ってこようとしていたんですね。

人は、頭ではわかっているつもりでも、いつの間にか特定のものごとや他人の考えに左右されています。私はそれに気がついたおかげで、自分がどうしたいのか、どういう人生を送りたいのかがわかるようになったと思っています。それまで頼りにしていた大切な本をすべて処分したことで、私は自分がとらわれていたボックスを超えることができました。そのおかげで、ものの見方や考え方が広がり、今のように人生を楽しくやっていくコツを掴んだんです。

「納豆の神」が教える、目に見えない存在のこと

数年ぶりに会った知り合いが、私の顔を見るなり嬉しそうにこう話しかけてきました。

「光一さん、私ついに悟ったんですよ！」

「へえ、すごいじゃない。なんで悟ったって気づいたの？」と、私は尋ねてみました。

するとと彼女はニコニコしてこう続けたんです。

「いろいろ降りてきて、教えてもらえるようになったんです。この前スーパーで買い物をしていたときなんか、納豆を選んでいたら〝今日はこの納豆を食え〟って声が聞こえてきたんですよ！」

私は一瞬、どうリアクションしようか迷いましたが、こんなふうに返してみました。

「神様かすごい存在なのかはわからないけど、そういう存在って、どこの会社のどの納豆がいいとか、わかるのかな？　わかるとしたら、それは人間に近いエネルギー体だってことだよね」

そう言われて、彼女はハッとしたようでした。

彼女はとても嬉しそうに報告してくれましたが、高次の存在が「この納豆を食え」なんて細かいことを私たちに指示してくるものでしょうか。

私は、目に見えない存在は、次元が高ければ高いほど私たちの日常生活や世俗的なことはわからないんじゃないかと考えています。高次の存在につながって「私はどの納豆を食べたらいいでしょうか？」なんて聞いても、肉体を持たない高次の存在は、おそらく納豆なんて知りませんから「は？」と言われてしまうでしょうね。

私もたまに、見えない存在とつながって質問することがあります。かなり波動の高い存在に聞いているので、たいていは「それはあなたが決めることです」とか、「あなたはすでに答えを知っているでしょう」と、私が自分で答えを出すように促されるだけです。

そういう存在は、なにかをしろと命令することは決してありません。こちらをコントロールしてこようとする存在は、悪い霊かなにかだと、真っ先に疑った方がいいでしょう。

私は飲み会の席などで、この「納豆の神」の話をするんですが、話を聞いた人の反応は大きくふたつに分かれます。「〝今日はこの納豆を食え〟って言ってくるんですよ」というくだりで爆笑する人たちと、すごく真剣な顔で話の続きを待つ人たちです。私としては「ここは笑うところだよ」と思いながら話しているんですけどね。

世の中にはまだまだ「目に見えないものとつながってメッセージをもらえることはすごい」と、無条件に受け止めている人が多いようです。自分には見えない、感じ取れない存在からのメッセージを受け取って伝えてくれるだけですごい、と。

でも、その情報を送ってきたソース（源）はどこなのかわからないまま、言われることを鵜呑みにするのは危険です。

古神道には、審神者《さにわ》という存在が必ずいました。審神者というのは、神道の祭祀において神託を受ける役目の人に対して、降りてきたものが神なのか、それとも低級霊かなにかなのかを問いただして、それが何者なのかを判断する人です。

たとえば降りてきたものに対して

「おまえは何者じゃ」

「アマテラス……」

「おまえは去れ！」

「キャン！」

という感じで、天照大神《あまてらすおおみかみ》を騙る存在を、本物の天照大神ではないと判断して追い返したりしてきたわけです。

でも今、私たちの周りに審神者はいません。だからなにか見えない存在が「我はアマテラスなり」と騙ってメッセージを伝えてきたとき、「天照大神とつながった！」と喜んで、無条件に信じてしまうんです。

これも、他人軸に自分を預けてしまっているのと同じことです。目に見えないだけで、その存在が必ずしも私たちより上位にあるとは言えません。こういったことからも、私たちは自分の軸をしっかり整えること、自分で決めるということが重要になってきます。私たち一人ひとりが自分自身の審神者になりましょう。

スピリチュアルがお好きな方は、チャネラーのところにメッセージを聞きに行くことがあるかと思います。その際は、あくまでも自分が判断するための材料をもらいに行くんだというスタンスで訪れるようにした方がいいと思います。決して自分を他人軸に預けたりしないでください。あなたには、あなたの人生を決める力があります。他人の言うことを鵜呑みにすれば、あなたの力を他人に与えてしまうことになり、あなたは他の誰かが決めた「他人の人生」を歩むことになってしまいますから。

「納豆の神」の話は、自分軸を他の存在にブレさせられてしまうエピソードとしては究極でしょうね。私たちには、もっと自分の軸を保って整えていくことが必要です。なぜなら、あなたが生きている世界は、あなたにしか認識できないいんです。

この世界の構造

ここで、私たちがなかなか気づけない、「世界の構造の秘密」についてお話ししましょう。地球上にはいろいろな国があって、いろいろな人がいて、いろいろなコミュニティがある——そういうことではなく、もっと根本的な構造があるんです。

今あなたがいる世界は、あなたにしか認識できません。

どういう意味かというと、それは、あなたが生きている世界、あなたに見えている世界は、あなただけのもの、ということです。

たとえば、テーブルの上にお茶のペットボトルが1本置いてあって、それを取り囲むように5人がいるとします。みなさんは5人とも同じペットボトルを見ていると思うかもしれませんが、それぞれに見えているものは、実は違うんです。

5人には「お茶」や「ペットボトル」という共通認識があるので、「お茶」や「ペットボトル」と聞いたときになにを指しているのか、お互いに認識できているかもしれません。でも、ペットボトルを見ている角度はみんな違いますし、極端な話、見えているペットボトルの色でさえも、5人それぞれ違うかもしれないんです。

もっとわかりやすい例を挙げましょう。

薄暗い部屋に人形が置いてあったとします。それがおばけに見える人がいれば、天使に見える人もいるんです。これはロールシャッハテストみたいなもので、同じものを見ていても、人によって見え方が違うということです。あなたの世界を見ているのはあなただけということは、つまり「あなたの世界」を変えていけるのは、あなただけということです。

ワークショップをやっていると、たまにこんなことを言う方がいます。

「私がいなくても、地球は存在するんですよね」

「私なんていらないのよ。いなくたって地球はあるんだから」

そういう方に、私はこう答えます。

「なにをおっしゃってるんですか。地球であろうがプレアデスであろうが、あなたがいなければ認識されないんですよ」

私は、「自分がいなくても地球は存在する」という理屈は成り立たないと思っています。

なぜなら、世界はあなたで、あなたは世界だからです。あなたが認識するからこそ、あなたが見ている地球も、プレアデスも存在しています。この仕組みに気づけば、自分の人生を生きることや、自分の使命を追求することの大切さも見えてくるはずですよ。

一人ひとりが自分の世界を持ちながらお互いに関わり合っているこの世界は「共同幻想」です。そして、共同幻想の世界で私たちがお互いにコミュニケーションを取る手段のひとつが言語です。見えている世界は違ったとしても、私たちには言葉という共通認識があります。「そこに2本あるペットボトルのうち、手前にある、中身が多い方を取ってください」と言えば、相手には伝わりますよね。でも、これを自分が知らない外国語や宇宙語などで言われたら、当然のことながら理解できません。

私たちの日常ではこういうことが頻繁に起きて、その結果コミュニケーションのずれが生じたりします。こういった誤解を避けるために、私たちは自分が発信することになるべく説明を加えながら、自分が出した情報を相手がどう受け止めているか、都度確認しながらコミュニケーションを深めていった方がいいと思います。

このように、場を共有することで、私たちはこの世界を共同幻想として認識していますが、「世界はこういうものだ」という信念体系やイメージはそれぞれ異なります。あなたが誰かとコミュニケーションを取る場合、その相手との共同幻想を詳細につくっていくためにも、まず自分の軸をしっかり整えましょう。すると、相手にも魂の軸があり、尊敬すべき存在なんだということがわかって、コミュニケーションが円滑になります。私たち一人ひとりが自分の軸を整えていれば、お互いを尊重し合え、ゆくゆくは調和と平和の世界を築くことができると、私は考えています。

陰陽バランスで成り立つこの世界

私たちが「最高の人生」を追求するにあたって、覚えておいた方がいいことがもうひとつあります。それは、この世界に「絶対」はなく、すべてが「相対」の関係、すなわち陰陽バランスの上に成り立っているということです。

陰と陽というのは、たとえば天と地、昼と夜、男性と女性などです。どちらがよくて、どちらが悪いといった意味づけはありません。そしてなにより、どちらか片方だけでは存在できません。いいことが起きれば悪いことも起き、悪いことが起きてもいいことがやってきます。

どんなに幸せそうに見える人でも、ネガティブなことを体験しない人なんて、この世にひとりもいません。では、必ずネガティブなことがやってくるとわかっている中で、最高の人生を歩むにはどうしたらいいでしょう？

あなたが「いいことだ」「悪いことだ」と判断している出来事は、単なる事象にすぎません。起こった出来事に意味はないのに、あなた自身が意味づけをしているんです。

あるひとつの出来事を複数の人が体験したときに、それほど嫌な感じを受けていない人と、ものすごいショックを受けてしまう人がいることはありませんか？　それは、ひとつの出来事に対して、その人たちのとらえ方が違うからです。

あなた自身のあり方や考え方を整えていれば、どんなネガティブなことが起きたとしても、それを不幸だと感じる度合いが変わってきます。誰もが陰陽バランスの世界にいます。どうやって「最高の人生」を保っていけるかは、あなたが自分のあり方や考え方をどう整えておけるかにかかっていると言っても過言ではありません。

「ミッションリビング」は、生死一如《しょうじいちにょ》の考え方に基づいています。生死一如は仏教用語で、「生きることと死ぬことは表裏一体であり、切り離すことはできない」という教えです。

この世が陰陽の世界だということは、究極の陰が「死」で、究極の陽が「生」ということになるでしょう。

今この瞬間に私たちは生きていますが、同時に死とも背中合わせです。「人生とは、つねに死と隣り合わせなんだ」という意識を持つことで、私たちの生は輝くわけです。

ネイティブアメリカンには、彼らの死生観を表した「今日は死ぬのにもってこいの日」という言葉があります。洋の東西を問わず、死に向かって生きている私たち人間が、精一杯命を輝かせることの大切さを認識し、これまで伝えてきたのです。

世界が陰陽バランスで成り立っていることを覚えておけば、たとえネガティブなことが起きても、その裏にはつねにポジティブなことがあると納得できます。そして、生死一如という考え方が念頭にあれば、「生」の裏には必ず「死」があることがわかっているので、一日一日の「生」を大切にする意識が生まれるでしょう。

第5章

日々のメンテナンス

ポジティブなエネルギーをキープする

「ミッションリビング」のワークをして一段階レベルの上がったあなたには、これからどのように毎日を過ごしたらいいのか、という悩みも出てくるのではないかと思います。一段階レベルアップしたからといって、「すべて順調。悪いことなんか全然なし」となるわけではありませんからね。

この世界はすべてが相対であり、陰陽バランスで成り立っていますから、シフトして新しい自分になっても、当然なにかしらのネガティブな出来事は起こります。そして、自分の身に起こったことを受け入れられずに、「やっぱり自分はツイてないな」と思ってしまうと、「ミッションリビング」以前の自分に戻ってしまう可能性があります。

第1章で触れた「原因結果の法則」は「カルマの法則」ともいわれますが、要は自分が作った原因は、結果としてやがて必ず起こってくるということ。そして、自分でそれを体験して完結させなければならないという法則です。

スイカの種を蒔けばスイカの実がなり、カボチャの種を蒔けばカボチャが実るのと同じように、自分の身に起こった出来事をあなたがネガティブにとらえて、「こんなこ

光一さん　限定セミナー

多層神聖幾何学「MLS」の理論を理解し、最幸の人生を歩む！

ミッションリビングサポーター

『MLSクリアカード』活用法セミナー

8月22日（木）19:00～20:30（開場18:30）

|料金|12,000円（税込）|定員|60名|会場|東京都内予定

光一さんが、「最幸の人生」を歩むためのエネルギーを封入した、多層神聖幾何学「MLS（ミッションリビングサポーター）」のクリアカード活用法セミナーを開催。このセミナーでは、まず多層神聖幾何学の説明から始め、このカードの理論を理解し、さらにその理解を深めていきます。後半では、MLSクリアカードを徹底的に使えるよう光一さんからのレクチャーがあります。MLSクリアカードの理論を理解したうえで基本の使い方を学ぶことで、さらに応用が無限大に広がっていくことでしょう。

多層神聖幾何学MLSクリアカード『むすび21』を当日販売！

●購入者一人ひとりに、光一さんによるエネルギーの調整をカード自体に行います。これにより、あなたに最適化した専用のMLSクリアカードになります。

多層神聖幾何学
MLSクリアカード
『むすび21』
価格：9,720円（税込）
※表示価格は消費税8％の価格です。
サイズ◎86×54（mm）×21枚 ●ケース付き

今後のワークショップ情報はこちら▼

【お申込み】
ビオ・マガジン TEL：03-5436-9204
E-Mail：workshop@biomagazine.co.jp　HP：http://biomagazine.co.jp/koichi/

光一さん ワークショップ

魂が求める最幸の人生に変容させる方法！

意図をもって生きる ミッション・リビング・インテンション

7月28日(日)／10月27日(日)

10:00〜17:00（開場9:30）

| 料金 | 各30,000円(税込) | 定員 | 各60名 | 会場 | 東京都内予定 |

内容

本当の使命とは？／この世界の構造／使命を生きることで成功人生がやってくる／使命を想い出すワーク／使命を生きていくためのメンテナンス／いまここを生きるためには／自分軸を整えるワーク／自分軸をメンテナンスするための瞑想／集団エネルギーを活用したワーク／新しい自分を安定化させる方法／使命をスムーズに生きるためのコツ／運気向上のコツ／人生シフトの方法など。

参加特典

- 参加者全員にワーク前に遠隔ヒーリング。最高の恩恵を受けるためのエネルギー調整を行います。
- ワーク中一人ひとりに光一さんによるミニセッションを行います。
- 「自分軸をいつでも最高の状態に戻すエネルギー入り」パワーストーンを参加者全員にプレゼント。

今後のワークショップ情報はこちら▼

【お申込み】
ビオ・マガジン TEL：03-5436-9204
E-Mail：workshop@biomagazine.co.jp HP：http://biomagazine.co.jp/koichi/

とが起こるなら、やっぱり自分はダメな人間なんだ」とネガティブな思考に絡め取られてしまえば、自分の人生にネガティブの種を蒔いたことになってしまいます。

そうなると、そこから育つ実、つまり結果は、またネガティブな出来事としてあなたの前に現れますから、その種を蒔いたあなた自身が、ネガティブの実を刈り取ることになるんです。

逆に、あなたがポジティブなエネルギーをキープしていれば、ポジティブな種を植えることになり、その結果としてあなたの人生にはまたポジティブな出来事がやってきます。

あなたの身に不幸なことが起きたとしても、それは罰が当たったわけではなく、その原因となるネガティブな種を、すでに過去のどこかの時点であなたが蒔いていた、というだけのことなんです。植えた種を収穫すれば（原因の結果が出れば）、ひとつのカルマは完了します。

このシンプルな法則からは、誰も逃れることはできません。だからこそ、過去に蒔いてしまったネガティブを刈り取るときに、またネガティブの種を植えてしまわないよう気をつけましょう。

そのためには、起こった出来事に対するあなたのとらえ方を変えたり、自分の思い込みを書き換えたりするといいですね。そうすれば、ネガティブではない因果関係を新たに生み出すことができるんです。

ちなみに、カルマを全部解消することは難しいです。前述のように、カルマの法則は原因結果の法則ですから、あなた自身に起こる出来事だけがカルマなのではなく、あなたの周りにある壁や窓といった環境も含めて、あなたとは因果関係があるということです。

もし「カルマ全解消」とあなたのカルマをすべて消してしまったら、あなたとこの世界との因果関係がなくなり、あなたがこの世界に存在する理由がなくなってしまうことでしょう。

だから「自分のカルマを消したい」なんて考えずに、自分で自分のあり方をメンテナンスしつつ、これから先の人生を楽しく幸せに過ごせるよう、ポジティブさを維持することを提案したいと思います。

ただ、毎日何事にも動じず、つねにポジティブでいるということは、けっこう難しいですよね。これは私にとっても同じです。

そこで、私も実践している魂・心・身体の3つの側面からアプローチするセルフメンテナンス法をご紹介しましょう。

魂のメンテナンス

魂のメンテナンスには、「ミッションリビング」をやることをおすすめします。

第3章で触れたように、「ミッションリビング」は何度やっても効果があり、回数を重ねるごとに自分が整ってくるワークです。自分が必要だと感じたときは、いつでもやってみてください。

また、「ミッションリビング」は、あなたの魂が本当にやりたいこと、つまりあなたの使命を見出すためのテクニックです。やればやるほどあなたの魂の軸はブレなくなり、常に自分のやりたい方向に進んでいけるようになるんです。

「ミッションリビング」のワークをすると、ワークをする前のあなたが行き着く未来と、ワーク後のあなたが体験した最高の人生を歩んだ先に待っている「この世界を去る瞬間」のエネルギーを、融合することができます。

そして、一度「ミッションリビング」をやって、新しい人生を歩み始めたところで再び「ミッションリビング」をやると、「最初のワークでもたらされた新しい人生」を歩んでいるあなたから見た「最高の人生」という選択肢を、さらに体験することになるんです。

つまり、一度持ってきた「最高の人生のエネルギー」という立場から見て、さらにいい人生のエネルギーをあなたの人生に融合することができるというわけです。それまでに持ってきていた「最高の人生」が、さらにレベルアップした「より最高の人生」になるわけですね。

私たち一人ひとりが体験できる世界や人生というのは、並行宇宙のなかで無数に存在していますから、何度このワークをしても、常に新しい人生の可能性に出合えるというわけなんです。

心のメンテナンス

心のメンテナンスに関しては、さまざまな角度からのアプローチがありますので、いくつかご紹介しましょう。

「おふりかえ」という考え方

私たちが「毎日ポジティブに生きよう」とがんばったとしても、陰陽バランスに基づいたこの世界では、何かよくないことも必ず起きてくるという話をしましたよね。

でも、起こった出来事にいいか悪いかの判断を下しているのは誰だと思いますか？

そうです、あなた自身です。

出来事というのは中立的で、本来はなんの意味もありませんが、その出来事を体験する人それぞれが、いい、悪いを決めているんです。

このことを具体的に示すエピソードがあるので、ご紹介しましょう。

私はお酒が大好きでしょっちゅう飲み歩いていますが、あるとき、いつもと同じように楽しく飲んで帰宅したつもりが、翌朝目が覚めると、なぜか右手が痛むという出来事がありました。手は痛いのですが、痛めたという記憶がまるでありません。どうせどこかで転んで捻挫でもしたんだろうと軽い気持ちでいたんですが、仕事をしていても、手はどんどん痛くなるばかり。それに耐えきれなくなって病院に行ったところ、なんと私の右手は骨折していたんです。

いい大人が酔っぱらって骨折だなんて、恥ずかしいですよね。そのうえ、骨折するほどの出来事の記憶もないんですから、さすがにショックを受けてしまいました。私は右が利き手なので、当然しばらくの間は仕事もはかどらず、職場でも「光一さん、なにやってんの」なんて言われ、落ち込んでいました。

普通ならここで「オレはなんてダメなやつなんだ。酔っぱらって骨折するなんて、いい歳して恥ずかしい」と思いますよね。もちろん私も最初はそう思いました。

でも、よく考えてみると、骨折した日の数週間前から「もしかしたら自分が大怪我をするかもしれない」という、嫌な予感みたいなものがあったんです。その予感が、手の骨折という形で現実化したのかもしれません。ただ、そのとき私が感じていたのは、骨折よりも大事故になるようなエネルギーでした。

そう考えると、私の怪我が骨折程度で済んだのはラッキーだったのかもしれません。本当ならもっと大きな事故になっていたかもしれないエネルギーが、このくらいの怪我で「終わった」のだと私は結論づけました。

この考え方が「おふりかえ」です。いわゆる厄落としのようなものですね。なにか悪いことが起きたときに、「やっぱり自分には悪いことが起きるんだ。世界なんてどうせそんなものなんだ」というネガティブな思考パターンに陥らないように、起こった事象の受け止め方を変える方法です。

私のケースで言えば、もっと大事故になったかもしれないエネルギーが「この骨折のおかげで全部落ちた」と決めたわけです。

私とは反対に、「こんな怪我をしたんだから、これをきっかけにどんどん悪いことが起きるかもしれない」という考え方をする人もいるでしょう。そういうときは、これから起こってくる〝かもしれない〟悪いことも、「全部これで落ちた」と決めてしまうことです。

まずあなたが決めることで、あなたの毎日が、そしてあなたの今後の人生が変わってきます。これから悪いことが起きるんだとビクビクしながら毎日を過ごすより、「もう悪いことはあれで終了」と決めて、平和で穏やかな日々を過ごしませんか。

この世界は波動でできています。そして、似た波動同士は引き寄せられるという、波動同調の法則がありますから、あなたが「悪いことが起こる」と考えてネガティブな波動でいれば、本当にあなたの周りにマイナスのエネルギーが集まってきてしまいます。それを避けるためにも、「おふりかえ」の考え方を習慣化させておくといいと思います。

「なほひかへ」でポジティブに変換

「おふりかえ」の考え方は理解していても、どうしても事象の受け止め方を変えられないときもあるでしょう。もちろん、私にもそういうことはたくさんあります。そんなとき、役に立つのが「なほひかへ」です。

第2章でその理論を説明しましたが、「なほひかへ」はネガティブをポジティブに変換するテクニックです。これは、自分のネガティブな感情だけでなく、自分に悪いことばかりが起きていると感じたときに「自分のところに来ているかもしれないネガティブエネルギー」を受け入れて、ポジティブに変換することもできるんです。

ここで参考に、また私の実体験をお話ししましょう。

また飲み会の話で恐縮ですが、実際、私はあちこちの居酒屋に行きます。当然、お客さんの声が飛び交う賑やかなお店に当たることも多いんですが、中には「こんな狭いところでそんな大声を出さなくても聞こえるんじゃない？」と思うことがあります。そして、一度気になると、ずっとそれが気になってしまうんです。

そんなとき、私は密かに「なほひかへ」をしています。「なほひかへ」は、私が開発したテクニックの中でもいちばん使用頻度が高いんじゃないかというくらい便利で効果があり、すぐに実践できる、使い勝手のいいテクニックです。

「なほひかへ」を知らなければ、騒がしすぎる店内でひとりイライラするか、店員さんを呼んで賑やかなグループにちょっと注意してもらうか、極端な場合には、直接そのお客さんに苦情を言いに行ってしまうかもしれません。そんなことをしたら、賑やかに飲んでいた相手も腹を立て、店内でケンカ勃発ということにもなりかねませんよね。

それに、私がうるさいと思っているお客さんたちを、もしかしたら他の人たちは、それほどうるさいと思っていないかもしれません。うるさい、イライラする、というのは私の感情で、私がその場から受け取っている感覚ですからね。

そこで、まず自分がイライラしていることを私自身が認め、そのネガティブな感情を左の手のひらに乗せて、心の中で「変換、変換」「かへ、かへ」と言いながらポジティブに変換してしまいました。

私はこういう状況で、数えきれないほど「なほひかへ」をやっていますが、必ずなにかしらの変化が現れます。騒がしかったお客さんが急に静かに話すようになったり、間もなくそのお客さんたちが帰ったり、店員さんがやってきて、席が空いたからと静かなスペースへ案内してくれたり、展開はさまざまです。

ネガティブなエネルギーは、解放すれば変換されます。自分の中にずっと抱えているとストレスになってしまいますし、抱えたままのそのネガティブなエネルギーが共鳴現象を起こして、また別のネガティブな事象をあなたに起こすこともあるんです。

でも、自分が腹を立てているということを認めて、その事実を受け入れ、抱えていたネガティブなエネルギーを出し切って変換してしまえば、自分がストレスを感じる事象は減っていきます。

このとき、自分がストレスを受けている原因（この場合はよそのお客さん）に対してアプローチする必要はありません。自分の中にあるネガティブな感情をクリアリングしているだけなので、周りとのトラブルが起きることはありませんし、不思議なことに、相手に直接アプローチはしていないのに、状況が勝手に変わり始めるんです。

覚えておいていただきたいのは、「なほひかへ」は周りの状況を変えようとするためのテクニックではないということです。周りを変えるのではなく、あなたの中のネガティブなエネルギーを受け入れて変換させるだけなんです。あなたの世界を認識しているのは、あなただけなんですから。

「なほひかへ」のプロセスにはいくつかのステップがありますが、第2章で補足説明したように、何度も繰り返して使っているうちにあなたにアンカリング（条件づけ）され、手順がどんどん簡略化していきます。そうなると、ネガティブを受け止める「受容のポーズ」（左手のひらは上向き、右手のひらは下向き）をするだけで、その後のプロセスである「組んだ手を振る動作」をしなくても、ネガティブなエネルギーがポジティブに変換され始めたりします。

また、回数を重ねていけば、「かへ」という言葉を発するだけで、ネガティブをポジティブに変換する効果が現れ始めたりもします。

私たちがイライラしがちなのは、混雑した公共の場など、人が多い場所ではありませんか？　そんなところでいきなり合掌して「我、大いなる光とひとつなり！」なんて始めたら周りにびっくりされて、確実に変な人だと思われてしまいますよね。

日頃から「なほひかへ」に慣れておいて、簡略化されたプロセスで使えれば便利ですし、なにより怪しまれずにテクニックを活用できて、自分のイライラを軽減することができるんです。

私も、すでに数えきれないほど「なほひかへ」を実践しているので、受容のポーズを取るだけでこのテクニックができるようになりました。

最近では、居酒屋で私が急に黙り込んで受容のポーズを取っているのを見た飲み仲間たちは、「光一さんは今〝なほひかへ〟中なんだな」と察してくれています。

陰陽バランスを活用する

この世界が陰陽バランスで成り立っていることはすでにお話ししましたが、陰陽バランスで成り立っているからこそ、いいことも悪いことも起こるんです。そして、陰陽バランスの法則に加えて、先ほどお話しした「カルマの法則（原因結果の法則）」もありますので、陰陽バランスに基づいて陰の出来事が起きたときに、ネガティブな思考という種を蒔いてしまえば、その後のあなたの人生に本来起こらなくてもよかったはずのネガティブな出来事がやってきてしまいます。

これらのことを踏まえたうえで、「なほひかへ」を活用してみてください。ネガティブなエネルギーをあえて体験し、認め、解消（変換）することで、あなたの認識をすべて変えていくことができるからです。

陰陽バランスが整えば、あなたの認識が変わります。過去のつらい体験や悲しい思い出を認め、ポジティブなエネルギーに変換させてしまえば陰陽バランスが取れ、今までつらいと思っていたことが、つらく感じなくなります。

「おふりかえ」や「なほひかへ」を含め、私が紹介するすべてのメンテナンス方法に共通する考え方は、「陰陽バランスで成り立つこの世界において、自分は常に中立的なポジションにいる」ことを心がけるということです。

この人生で、私たちは常に成長を続けていますが、その成長パターンはらせん的であると、私は考えています。一見、同じところをぐるぐる回っているように感じても、なにかをきっかけに、自分がそれまでとらわれていたネガティブな思考パターン、偏った考え方などに気づいたら、それが自分を成長させるチャンスなんです。

私はいつも「ネガティブなエネルギーが来たらチャンスだよ」と言っていますが、そのチャンスにあなたが気づいたとき、ぜひ「なほひかへ」でネガティブなエネルギーをポジティブに変換させてください。

また、私の前著『きめればすべてうまくいく』で詳しくご紹介している「なほひゆい」のテクニックで、ネガティブなエネルギーをクリアリングしてみてください。そうすれば、あなたが「ミッションリビング」をやったり、あなたがそれまで入っていたボックスを抜けてシフトしたりしたあともその状態をキープできるだけでなく、その状態からさらにシフトすることも可能です。

あなたがシフトすると、それまであなたの周りにあった陰陽バランスのレベルが変わってきます。私が酔っぱらって骨折したケースでいうと、今のレベルから私がさらにシフトしたとすれば、これまでの自分だったら骨折してしまうくらいのアクシデントに遭っていたところが、シフトした自分なら捻挫や擦り傷程度で済むかもしれない、ということです。この世界は陰陽バランスですから、エネルギーワークをして自分のレベルが一段階シフトしたからといって、悪いことがすべてあなたの周りからなくなるわけではありません。ですから「軽い怪我をする」というネガティブなことは残るかもしれませんが、大事が小事になってよかったとポジティブにとらえましょう。

私の骨折の例とは逆に、信じられないような素晴らしいことが起こる場合もありますよね。

もしあなたが高額の宝くじに当たったとしたら、ものすごくラッキーだと思うでしょう。でも、宝くじの高額当選者の中には、のちに不幸になる人が多いという統計データがあるんです。なぜそうなってしまうのでしょう。

それは、宝くじの高額当選というものすごい規模の「陽」が一気に来ると、宇宙が陰陽バランスを取ろうとして、それと同規模の「陰」をもたらすからなんです。せっかく宝くじに当たったのに、陰陽バランスの法則を知らずに不幸になってしまうのは、もったいないですよね。

宝くじの高額当選なんていう規模の「陽」はめったにありませんが、自分で驚くほどいいことばかり起きているなと感じるときには、陰徳を積んで陰陽バランスを取るといいんです。

陰徳とは、文字通り陰ながら積む徳のことです。「私はこんなことをしてあげたんだ！」と人にひけらかしたりしないで、こっそりと陰ながらするよい行いです。募金や公共の場の掃除、ゴミ拾い、ボランティアなども陰徳にあたりますね。

こういった行為は、実際にやっているときに誰かに言ってしまうと、陰徳ではなくなります。また、あとから「あれをやったのは私なんだよね！」と、つい誰かに言ってしまい、それに対して相手があなたに「すごいね」なんて「陽」の反応を返すと、陰徳の「陰」の要素が薄れてしまいますから、気をつけてくださいね。

本当の陰徳とは、それと意識したり話題にしたりすることなく、さりげなくできることだと思います。

身体のメンテナンス

身体の自分軸を整える運動

私はよく「自分軸」の話をしますが、自分軸を意識するときには、ものごとに対する考え方だけではなく、私たち一人ひとりの身体の軸に対しても注意を向けた方がいいんです。

身体の中心軸といえば、もうおわかりですよね。胴体の中心を通り、私たちの身体を支えてくれる「軸」とは、言わずと知れた背骨のことです。背骨を整えることで、私たちは身体としての自分軸を認識しやすくなります。

それでは、具体的にどのように背骨を整えたらいいのでしょうか。これには、私が「海藻運動」と呼んでいる体操をやっていただけたらと思います。

まず、足を肩幅くらいに広げて、足の裏をしっかりと意識して立ってください。それから目を閉じて、次のようにイメージしましょう。

あなたは今、きらめく黄金の海の中に

いて、足は海底にしっかりと根づいている1本の海藻です。あなたは、豊かさと幸せの光り輝く黄金の癒しの海の中で、その心地よく穏やかな海水の流れに身を任せています。寄せては返す波、あるいは対流する黄金の海水の動きを想像し、その中で自分が気持ちいいと感じる方向に、自由にリラックスして動いてみましょう。

黄金の海はキラキラとして気持ちがよく、穏やかな海水の流れの中で、あなたの身体は自由に動いています。自由と言っても海藻ですから、足はしっかりと海底に根づいています。手は上げていても下ろしていてもかまいません。あなたのイメージの中にある黄金の海の中で、海藻のあなたが自由に波に揺られているところを想像し、感じた通りに動いてみてください。この運動をすることで背骨が整ってきます。

自分が十分リラックスして動けたなと思うあたりで、この体操はおしまいです。海藻としての動きをやめて、元通りにまっすぐ立ちましょう。

その状態のまま両腕を身体の横に伸ばして頭の上まで持っていき、バンザイのような、伸びる姿勢になります。そこから両手のひらを向かい合わせ、手のひらの間になにかが入っているような形にキープしたまま、その手を身体の前方からゆっくりと下ろし、丹田《たんでん》のあたりに両手を当てます。

丹田の位置は、おへその5センチメートル下から、5センチメートル奥（背骨に向かって）だと私は感じています。

海藻運動を終えたあなたの手には「気」がついています。「気」は手の動きについてきますので、その気を丹田に収めるイメージをしてしばらく手を当て、「気」の感覚を味わいましょう。

その他のメンテナンス方法

自分でできる「おふりかえ」の考え方や「なほひかへ」のほかに、周りにあるよいものを取り入れることでポジティブなエネルギーを維持する方法もあります。

私がおすすめしたいのは、護摩《ごま》焚き、パワーストーン、行動療法です。

護摩焚きに託す

護摩焚きは、もともとは古代インドで「ヤギャ」と呼ばれていた、伝統的なヴェーダの火の儀式です。今は密教系のお寺で、行者さんやお坊さんが護摩壇と呼ばれる台の前に座り、熱く燃えさかる炎を前にご祈祷をあげてくださる、加持祈祷の儀式として広く知られています。

私たちが叶えてほしい願い、解決してほしいつらい悩みや問題、厄年などのネガティブなことを行者さんに託し、不動明王の力をもって焼き尽くしてもらうんです。願い事もネガティブなことがらに含まれるの？　と思うかもしれませんが、願いが叶った状態がポジティブだとすると、願いが叶っていない時点の状態は、まだネガティブだと考えられますよね。行者さんは、護摩祈祷に来た人のものごとを神仏につなげる者として、全部受け入れてお願いいし、印を結びながら祈祷をしてくれるんです。

実は、「なほひかへ」の中でネガティブなエネルギーをポジティブに変換するパートは、護摩焚きの応用なんです。だから、ネガティブをポジティブに変換したいときは、護摩焚きに行くのもおすすめです。私も今まで何度も護摩焚きに行っていますが、行者さんがみんなの悩みや苦しみを引き受け、炎に向かって一心不乱にご祈祷してくださる姿には、毎回心を打たれます。

パワーストーンの波動と同調する

かなり前からパワーストーンは流行っていますね。ブレスレットやストラップに加工されていたり、一部の神社仏閣では、お守りにも使われていたりします。

パワーストーンを身につけることがなぜいいのかというと、「この世界は波動でできている」というところにヒントがあります。

この世界はすべて波動でできていて、同じタイプの波動同士は引かれ合います。たとえば、パワーストーンのひとつであるルチルクオーツという、金色の針が入っているように見える水晶は、金運が上がると言われています。それは、ルチルクオーツの中に入っているゴールドの部分が、金運の波動を持っているからです。また、恋愛運がよくなると言われているローズクオーツは、ローズクオーツそのものが愛の波動を持っています。

だから、あなたがそれぞれの波動を持つ石を身につけることで、その波動の周波数と自分が同調しやすくなり、結果として金運や恋愛運を呼び込みやすくなるというわけです。

パワーストーンを身につけるのは苦手だという方は、枕元に置いておくのもいいでしょう。睡眠中は石の波動と同調しやすいので、寝ている間だけそばに置いておくのでも、十分に効果を発揮してくれますよ。

行動療法で潜在意識に教え込む

行動療法とは、自分の潜在意識に対して「私はこういう世界を生きています」と教えてあげる方法です。

インドなどでは、お坊さんに占いをしてもらうと、何月何日の何時から何時までの間に、この方角のこのお寺に行ってお参りしてくださいと、具体的な行動を指示されることがあります。なにを意図してこんなことをさせるのかというと、占いをしてもらった人の潜在意識に、特定のパターンを植えつけようとしているんです。

まず、統計学的な占いに基づいて方角のエネルギーパターンを読み出し、その人が叶えてもらいたい願いに合った方角で行動を起こすように指示します。占ってもらった人がそれに従えば、占いで出た方角のエネルギーパターンと、「そこに行けば自分の願いが実現する」という、2種類のエネルギーパターンが潜在意識に植えつけられます。この占いの本質は、潜在意識に「あなたの願いは実現しましたよ」と伝えることなんです。

日本で古くから行われているお百度参りも、基本的にはこれと同じ原理だと思います。「私の願いが叶いました。ありがとうございました」というお参りを、100回していることですね。

潜在意識には「時間」の概念がありません。私たちの顕在意識がまだ叶っていない未来のことについてお礼を言うと、潜在意識は時間軸を抜きにして受け取るので、「行動」と「願いが実現した」ことがリンクしていると認識して、結果的に願いが叶いやすくなるんです。

昔の人はお百度参りをしましたが、実は100日間ではなく、21日間でもかまいません。なぜ21なのかというと、3×7は世界の創造を表すエネルギーパターンだからです。

エネルギーパターンと潜在意識の特性をうまく活用することで、私たちは本当の使命を生きやすくなるんです。

心身と環境のめぐりをよくする

第2章で触れたように、私は心と身体と魂と環境は、すべてつながっていると考えています。だから、この4つのどこかのめぐりをよくすれば、残りの3つが連動して、すべてのめぐりがよくなってくるんです。

めぐりが滞ると、病を引き起こします。停滞しためぐりによる病は身体の病のほか、心の病、環境の病も引き起こします。

まずは自分の身体に気血《きけつ》をめぐらせましょう。気血というのは東洋医学の基本的な概念で、「気」は身体のエネルギー源だと考えられています。気は血流に乗って全身をめぐるので、身体に十分な気血がめぐっていることが健康を保つ秘訣だと言われているんです。

気血をめぐらせるのはとても簡単です。軽い運動をしたり、お風呂で温まるなど血行を促進させるようなことをしたりすれば、全身への気のめぐりがよくなります。

そして、どこでもできる簡単な運動としておすすめなのが、スワイショウです。スワイショウは気功法のひとつで、腕の重みを利用して腕を前後に振る動作です。最も簡単かつ身体に負担のかからない気功法なので、年齢・性別を問わず、どなたにも気軽にやっていただけます。

ここで簡単にスワイショウのやり方をご紹介しましょう。

まず、両足を肩幅くらいの広さに開いて立ってください。その状態で、両腕をダラーンと身体の両側にたらします。肘を曲げずに両腕を地面と平行になるまで持ち上げたら、腕の重みを使って一気に下ろします。すると、その反動で腕がまた地面と平行になるくらい、またはそれよりやや高くなるまで上がりますから、再び腕の重みを利用して、同じ動作を繰り返します。横から見たら、腕の付け根を軸としたブランコのように腕が揺れている状態です。この動きをすることで身体に気血をめぐらせることができますし、邪気を落とすこともできるんです。

そして、心を軽やかに保つことも大切です。すべて順調で楽しい日々を送っている人は、心が軽やかでしょうか、重いでしょうか？　めぐりがいいでしょうか、悪いでしょうか？　「オレ、いろいろツイてないから毎日楽しいんだよなあ」という人は、たぶんいないと思うんですよね。気持ちをポジティブに保って、心を軽やかにしていると、身体に楽しいエネルギーがめぐり、あなたの波動が高くなります。そうなると、あなたの毎日はポジティブなサイクルに入っていきます。心を軽やかに保つためには起こったことを受け入れて、「おふりかえ」の考え方をしてみたり、「なほひかへ」を活用したりするのがいいでしょう。

また、環境のめぐりをよくすることも大事です。「環境のめぐり」という言い方では、みなさんピンとこないかもしれませんね。要は、家にある余計な物を捨てて片付けと掃除をすると、運がよくなるということです。

片付けは、風水の原理では基本中の基本ですよね。実際に家の中にある物を減らして空気の循環をよくすることで、家の中に気がめぐりやすくなります。風水はよく知らないという人も、「物を捨てて散らかった部屋を片づけたら、いいことがたくさん起こるようになった」という話を聞いたことがあるのではないでしょうか。

風水にはさまざまなルールがあって、本格的に学ぶとなるととても複雑ですが、覚えておくといいことをひとつお教えしましょう。

風水を取り入れたいと思うなら、まず玄関から始めることです。気は玄関から家の中に入ってくるからです。玄関から入ってきた良い気が、家の中をどのようにめぐるかも重要ですが、そのあたりに興味のある方は、風水の本を参考にしてみてください。めぐりをよくしていると、気血がめぐって健康になり、健康で家もきれいな状態であれば心も軽やかであり続け、人生もスムーズにいくように感じられるでしょう。そうすれば、あなたはつねにハッピーな状態でいられますよ。

ここでご紹介したメンテナンス法は、実はあなたのあり方（Ｂｅ）をメンテナンスするテクニックなんです。第4章に出てきた「Ｂｅ、Ｄｏ、Ｈａｖｅ」の「Ｂｅ」ですね。

あなたのあり方を整えておけば、あなたの振る舞いが変わってきます。毎日が充実して楽しくなり、あなたの対人関係も良くなってくるでしょう。

「ミッションリビング」をやったあと、これらのメンテナンス法を実践していれば、なにが起こったとしても、あなたは自分の軸を保って自分の使命を生きられますし、あなた自身の「最高の人生」を着実に歩んでいけると私は信じています。

波動同調の法則を利用する

「パワーストーンの波動と同調する」のところで、この世界はすべて波動でできているとお伝えしました。ということは、あなた自身も波動なんです。だから、あなたがずっとネガティブな気持ちとネガティブな思考でいれば、あなたの波動そのものがネガティブになって、そこにネガティブなことがさらに引き寄せられてしまいます。「類は友を呼ぶ」ということわざが示すように、似たような波動同士は同調するんです。

だとしたら、この波動同調の法則を利用して、あなたがつねにポジティブで、喜びと楽しさにあふれる状態でいれば、あなたの周りには自然と楽しい人たちや嬉しい出来事が集まってきたりするんですよ。

神様は喜びや愛や慈しみの波動を持っています。あなたが自分を喜びや愛で満たしていれば、神様の波動とあなたの波動は同調して、神様とコミュニケーションを取りやすくなってきます。そうだとしたら、神社仏閣にお参りするときには、まず自分の波動を上げてから神仏にご挨拶した方がいいと思いませんか？

「神仏にお願い事をしてもいいの？　感謝だけを述べるべきじゃないんですか」とい

うことをときどき聞きますが、私は神仏にお願い事をしてもいいと思っています。でも、お願い事をするときに自分の波動がどんな状態であるかが大切なんですよ。

あなたが神社にお参りに行ったとします。あなたの直霊と神様はもともとひとつなので、神様はいわばあなたの魂の親でもありますから、つらいことがあったときに神様のところに行きたくなったりするかもしれません。

拝殿の前に立って、「○○から来た△△と申します。いつもありがとうございます」と挨拶したら、神社に来られた嬉しさで自分の波動が上がりますよね。でも、その直後に「ああ、私つらいんです。つらくて、つらくて困っています。神様どうか助けてください！」と泣きついたらどうなると思いますか？

それまで神様と同じくらい高い波動でいたあなたには、神様と波動共鳴が起こっていて、「ああ、波動の近い者が来たなあ。よく来た、よく来た」と神様が歓迎してくれていたのに、あなたが自分のつらいことを考えてネガティブな気持ちになり、波動を下げてしまったら、神様は「あれ、さっきまでいた△△はどこに行っちゃったんだろう？」と思うのではないでしょうか。

あなたの波動が下がってしまったら、神様はあなたの波動を拾えなくなってしまいます。低い波動のままお願い事をしても神様には届きません。それがわかっていないから「神様はまた私のお願い事を叶えてくれなかった」と、ネガティブな思考のサイクルに入ってしまいがちなんですよね。

冗談っぽく表現すればこんな例えになりますが、つまり幸せなことというのは、あなたがそちら側に周波数を合わせていかないと、あなたのもとには来てくれないんです。だからこそ、自分を波動の高いポジティブな状態にメンテナンスしていくことが、「最高の人生」を歩んでいくうえで大切になってきます。

宇宙は私たちにエネルギーを送ってくれている

この世界が波動共鳴だというのは、先ほどお話ししました。つまり、いつも自分の波動を高く保っておけば、自然と周りにいいものが集まってくるようになるということです。

ものごとがうまくいっている人は、よく「おかげさまで」という言葉を口にします。あれはなにに対して「おかげさま」と言っているんでしょうか。

私は、日本語の「おかげさまで」という表現は、見えない世界が私たちのためにいろいろ動いてくれていることに対する感謝の言葉だと思っています。

英語で「おかげさまで」と言うためには、「Thanks to God」「Thanks to ○○」など、感謝する対象が必要になります。でも、日本語ではその対象がなくても「おかげさまで」と言えますよね。

「風邪、治った?」「おかげさまで」などというやり取りは、あいさつの中でよくあると思います。

このとき、「おかげさまで」と言った人は、「風邪、治った?」と聞いてきた人のおかげで自分の風邪が治ったとは思っていないはずです。「おかげさまで」は、見えない世界に対しての感謝なんですね。

「おかげさま」は影の存在、つまり目に見えない存在です。私たち日本人は見えない力、「おかげさま」に日々感謝して暮らしています。人生がうまくいっている人は、「おかげさまで」を言う頻度が他の人たちより高いのではないかと思いますが、それは自然と感謝の心が表れるからなんでしょう。

この目に見えない力は、宇宙そのものでもあります。

宇宙というのはサムシンググレート、創造主、源、どんな呼び名でもいいんですが、源の純粋なエネルギーを万物に与える存在です。

そして、私たちの中に入っているプログラムで、私たちはこの世界を認識しています。このプログラムというのは、いわゆるエネルギーパターン、思考パターン、個人的・民族的な信念パターンなどのことですが、そういうものを通して私たちはこの世界をつくり、認識しているんです。

「宇宙がつねに自分を計らってくれる」というパターンがあなたの潜在意識下に入っていれば、あなたはそれを出来事として体験し、「宇宙が自分を計らってくれている」と気づくことができます。そして、顕在意識で、やはり自分は宇宙に計らってもらっている、守ってもらっているということに気がつけるので、あなたのポジティブな信念体系が強化されるわけです。そうすることで、ポジティブな出来事がサイクルになっていきます。

逆にネガティブなことが起こったら、むしろ喜んでしまえばいいんです。なぜなら、すでにお話しした通り、あなたの世界に起こる事象というのは抽象的で、あなた自身が意味づけしているだけのことだから。そして、あなたの潜在意識が「宇宙がつねに計らってくれている」と知っていれば、一見ネガティブに思える出来事も、実は祝福に変わり得るんです。

これは私の実体験なのですが、この間、酔っ払って転んで顔が血まみれになってしまうという出来事があり、ひどい自己嫌悪に襲われました。でも、その後の展開がおもしろかったんです。

顔中傷だらけ、絆創膏だらけになって、私は困惑していました。3日後は打ち合わせがあり、1週間後にはワークショップが控えているのに、どうしようと。「なんでこんなときに転ぶんだ」と、悔やんでも悔やみきれない状況でした。

そこで、「なほひかへ」など、ネガティブな状態を受け入れるテクニックをいろいろやってみました。すると不思議なことに、幸せな感覚に包まれたんです。もちろん、傷だらけという現状は変わらず、顔にはまだ絆創膏をたくさん貼っているし、触ると痛いです。そんな状態なのに幸せな気持ちだなんて、いったい自分はどうしちゃったんだろう？　と思いました。

そして、幸福感に包まれたら、さらに不思議なことに傷の治りが早くなったんです。

この例からもわかるように、日々の過ごし方自体がメンテナンスになり得ます。

「ミッションリビング」をやったからといって、すぐに最高の人生になるわけではありません。ネガティブなことが来ることだってあるでしょうけど、でもそれがチャンスなんです。

神様は善悪の判断はしませんが、これは宇宙も同様です。ジャッジは下さず、私たちが意図したことをサポートしてくれる存在です。だからこそ、自分がどうしたいのかは自分でしっかり決めましょう。「決めたのになにも変わらない」という人は、自分が望んだことが実現することを、潜在意識下で許可していないのが原因です。

この世界は波動でできています。物質のように粗い波動でできているものは私たちが実際に見たり触ったりできますが、繊細な波動は目に見えないし、触れません。でも、そこにあるんです。電波というものは目に見えないけれど、電波があるおかげで携帯電話もラジオも動作しますよね。

そして、繊細な波動にアプローチする方が変容を起こしやすいんです。石と水を例に挙げれば、どちらも物質だけど、石の方が粗い波動を持っていて、水の方がより繊細な波動を持っています。どうがんばっても私たちが素手で石の形を変えたりできないのは、石の波動が粗くて、粗い波動のものは変えにくいからです。一方で水はもともと形のないようなものなので、私たちは水の中に手を入れたりすることもできます。粗い波動のものほど現実世界に近く、繊細な波動のものは潜在意識の世界に近いといえます。

「決めたのになにも変わらない」という人の場合、その人の潜在意識の奥深くで、「自分は幸せに生きる価値などない」とか、「自分が幸せになったら周りに妬まれる」なんて思っている可能性があるんです。潜在意識がそう思っている限り、いくら顕在意識でなにかを決めても実現は難しいでしょう。

私たちそれぞれにとっての「最高の人生」を生ききって魂を充実させ、この世界を去るときに最高の喜びを実感できたとしても、そこに到達するまでには何が起きるか、今の私たちにはまだわかりません。でも、何が起きたとしても、あとで振り返ったときに最高だったと思える人生が理想なのではないでしょうか。

そこで、願い事をするときには、「私は幸せな人生を生きます」という感じで、抽象的なことにしましょう。先ほども言ったように、現実世界に近いものほど粗い波動を持っているからです。

一方、この世界にまだ存在していない潜在的なエネルギーは、柔らかくて繊細で働きかけやすく、変化もさせやすいんです。この繊細な波動を持つのが抽象的なことがらなので、「私は幸せな人生を生きる」とあなたが決めることで、あなたが幸せだと感じる「なにか」があなたの人生に訪れるでしょう。それは、とても意外なことかもしれません。一瞬、受け入れるのをためらうかもしれませんが、それを受け入れることで、あなたの人生はこれまでとはガラッと変わってくるはずです。そしていつか「あのときのあれを受け入れていてよかった」と心から思える日がくるでしょう。

だからこそ、潜在意識の深いところのパターンを整えて、「私は幸せな人生を生きる」と決めれば、あなたの人生は喜びの人生にシフトするんです。「ミッションリビング」は、あなたがあなた自身の「最高の人生」を歩むサポートをするためのワークですから、一度ワークをしたら、あとは自分を計らってくれている宇宙にゆだねね、自分を整えて毎日を過ごすといいですね。

与える者は与えられる

宇宙が私たちを計らってくれることについて、別の視点からお話ししましょう。

「ギブ・アンド・テイク」という考え方は、すでに広く世間に浸透していますよね。誰かになにかをしてあげたり、物をあげたりしたら、その人からお返しになにかをしてもらえたり、物をもらえるはずだろうという考え方です。

しかし、これは表面上の考え方でしかありません。一対一の関係において、「私はあの人にここまでしてあげたのに、あの人はなにもしてくれない！」と勝手に腹を立てたりしたら、相手との人間関係を無駄に悪化させるだけです。

そもそも「相手がお返しをしてくれない」というのは、あなたの一方的な期待や、「こうであるに違いない」という思い込みであって、たとえ相手があなたの行為のお返しになにもしてくれなかったとしても、それは相手とあなたの考え方が違うだけなんです。だから、突然あなたがその人への態度を変えたり、その人と疎遠になったりしたら、相手はわけがわからずびっくりするでしょう。

私は、これからは「与える者は与えられる」という世界になってくるんだと思います。これはギブ・アンド・テイクよりはるかに壮大で、あなたが誰かになにかを与えると、めぐりめぐってどこか別のところからあなたになにかが戻ってくるという考え方です。

この発想では、あなたが周りに与えていくことで宇宙の法則が働き始めます。そうすると、ギブ・アンド・テイクで「一対一」の関係だったのが、「一対宇宙」の関係になります。

つまり、あなたが見返りを求めず、自分がそうしたいからするんだと心から思って誰かになにかをした場合、もっと大きな存在が、まったく違ったところから、あなたになにかを返してくれるということです。

相手からのお返しなど頭になく、自分がそうしたいからしているんだという発想は、先ほどお話しした「陰徳」です。

でも、ここでもし「これをやったから、あとで宇宙からなにかもらえる！」と期待する発想になってしまうと、陰徳ではなくなってしまいます。シフトした人は、「これをやってあげたから、なにかもらえるかも」という考え方はしないと思うんです。私たちはまだ成長の途中にいますし、「あ、またこんなこと考えちゃったから、これで陰徳が消えちゃったなあ」などと言いながら、多少のアップダウンを経て生きていってもいいんじゃないでしょうか。

そういう意識を持って、だんだん陰徳を積むことが当たり前になってきたら、その行動があなたのマインドの中で当たり前になるので、陰徳を積むことが習慣化したことになります。そうなれば宇宙の法則が発動され、あなたはますますシフトし、成長していきますよ。

付　録

エネルギッシュ瞑想

～自分を整え、健康を促進するエクササイズここでは、私がワークショップで教えているエネルギッシュ瞑想を特別にご紹介します。

これは、自分のチャクラと全身のエネルギーバランスを整え、健康な状態になるための瞑想です。

チャクラというのは、私たち一人ひとりの身体の中心を通っているエネルギーのポイントです。下から順に数えて、全部で7つのチャクラポイントがあります。最近はヨガが一般的になってきましたから、チャクラという言葉を聞いたことがある方は多いかもしれませんね。

このセクションでは、みなさんが一人でもできるように、私が瞑想状態へと誘導する形式でお話しししていきます。

まずは次の文章を読みながらご自分で瞑想をしていただき、慣れてきたらこの内容をイメージしながら、目を閉じてやってみてください。

瞑想に入る前に、あなたの周りの環境を少し整えてください。部屋は薄暗くしましょう。昼間ならカーテンを引いたり、夜なら明かりは暗めにしたりしてください。できれば、ゆったりとリラックスできるようなヒーリング音楽をかけておくと、瞑想しやすいと思います。そして椅子を一脚用意し、腰かけてください。

さて、それではいよいよエネルギッシュ瞑想に入っていきます。

椅子には深く腰を掛けてください。背もたれは使わず、背もたれと背中の間は少し空けて座りましょう。骨盤の上に背骨を立てるイメージで、背骨を真っすぐにして座ってください。両足の裏はしっかり床につけ、手は膝の上に軽く置いておくのがいいでしょう。手のひらは上向きでも下向きでもかまいません。あなたがリラックスできる状態にしておいてください。そして、前歯の裏側のつけ根あたりに舌先をつけておきましょう。こうすることで、エネルギーが漏れるのを防げます。

それでは始めましょう。

今、椅子に座っている感覚に意識を向けてください。

目をゆっくり閉じて、リラックスする感じが身体の中に広がっていくのに気づいてく

ださい。
リラックスしていくことを、もっと自分に許してあげてください。
そうです。

とてもいい感じが、気持ちいい感じが身体の中に広がっていきます。
そうです、もっとあなたはこのリラックス感を楽しんでもいいんです。
そしてこのリラックス感を自分に許してあげてください。
そうです。

そしてもっと深く、もっと深くリラックスしていきます。
10、9……どんどん深くリラックス…8、7…どんどん深く入っていきます……
6、5、4……深くリラックスすることを自分に許します……
3、2、1……深く、深ーく……とても気持ちがいいです……

あなたの尾てい骨あたりから地球の中心まで、コードが伸びていることを想像してください。
そうです、コードがずっと地球の下の方へ、地球の中心までずーっと下りていきます。
そして、地球の中心とつながります。
つながったら、コードをもう少し太くしましょう。

地球の中心から地球のエネルギーがあなたを支え、
地球を支えるエネルギーがずっと上ってきます。
コードを通じて、ずーっと上ってきます。

あなたにとって心地いいリズムで、ずーっと上ってきます。
そうです。どんどん、どんどん上ってきて、尾てい骨のあたりから身体に入り、
ずっと身体を通して上っていきます。

あなたが心地いいと感じる速度でどんどんエネルギーは上がり、
あなたをヒーリングし、そしてあなたの身体を通って、

頭のてっぺんからそのエネルギーが吹き出していきます。
吹き出したエネルギーはあなたの周りのオーラフィールドを通り、
そしてまた下の方、地面の方へと下りていきます。
そうです、地球からのエネルギーは、あなたをつねに通り、
あなたの頭のてっぺんからまるでシャワーのようにあなたの周りを潤し、
循環しています。

とても気持ちがいい状態です。

地球のエネルギーによって、あなたはどんどんヒーリングされています。
このエネルギーは、あなたの中に溜まったゴミを出し、
あなたのエネルギーフィールドに溜まったゴミを流し、
どんどん、どんどんきれいにしてくれています。
あなたの身体をきれいにし、あなたのオーラフィールドをきれいにし、
そして地球もきれいにしています。

あなたが心地いいと感じるリズムで、そのエネルギーはずっと回ってくれています。
そうです、ずっと循環してくれているのです。
あなたはとても気持ちがよく、とても心地がよく、
そのエネルギーに安心して身を任せることができます。
そうです、どんどん、どんどんあなたはきれいになり、クリアリングされ、
浄化されています。

そして、頭上から光が下りてきます。
頭上から光が下りてきて、あなたの頭のてっぺんから下の方へ下りていきます。
宇宙の光です。
あなたを癒やし、世界を癒やす宇宙からの光があなたの中を通っていきます。
ずっと流れてきています。

そして、あなたの身体を通り、尾てい骨からコードを流れ、

地球の中心までその宇宙のエネルギーが入ってきます。
とめどなく宇宙の癒やしのエネルギーがあなたに入ってきます。

そしてあなたを通して地球の中心へ流れ、
地球の中心からはとめどなくあなたを癒やしてくれるエネルギーが上がってきて、
頭のてっぺんから周りに吹き出し、周りもクリアリングされていきます。
宇宙の光は上からどんどん流れてきて、あなたを通って、あなたをヒーリングし、
地球の中心の方へどんどん流れていきます。
宇宙の光と地球からの癒やしのエネルギーの流れがあなたを通して循環しています。
あなたはとても心地よく、気持ちよく、静かに、エネルギッシュに感じています。

そうです、あなたが宇宙のエネルギーと地球のエネルギーを、
あなたを通じて調和させ、あなたを通じて世界に発散させているんです。
このエネルギーはめぐっています。

そしてあなたは、この瞑想をするごとにチャクラのバランスが取れ、
あなた自身のエネルギーをバランスよく調和させることができます。
あなたはこの瞑想を実践するとき、いつでもこの状態を体験することができます。

そして、この瞑想を体験すればするほど、瞑想は上達し、
より心地よく、より効果的にあなた自身のバランスを取っていくことができます。
そしてあなたがバランスを取ったとき、
宇宙に対して、世界に対して、
調和するバランスをサポートすることになってきます。

今から私は1から10まで数を数えます。
1から10を数え終わったとき、あなたはこの世界に戻ってきます。
1、2、3、4……どんどん身体の感覚が戻ってきています。
5、6、7、8……意識もどんどんすっきりしてきています。
9、10……すっきりとした爽快な気分で、完全な健康を感じます。

そして、完全に健康です。

いかがでしたか？　気分がすっきりしたでしょうか。

自分でこの瞑想をするときは、始める前に「私はこの瞑想をするごとに上達して、どんどんエネルギッシュになっていきます」といったアファメーションをするといいでしょう。

そして、瞑想を終えて現実に戻ってくるときには、「今から1から10まで数え、10を数えたとき、完全に健康な状態でここに戻ってきます」と言い、1から10までを数え終わったら、「私は完全に健康です」と言って、ゆっくり目を開けてください。

すると、瞑想を終えたあと言葉に出してアファメーションすることと、目を開けたときに「この世界に戻ってきたとき私は健康です」という状態がすべてリンクされます。

これは第5章で触れた行動療法と同じで、行動と言葉を発するアクションがトリガーとなって、自分が健康な状態になるということが、潜在意識に刷り込まれるわけです。

エネルギッシュ瞑想はそれだけでも十分効果がありますが、時間があるときにはぜひ第5章で紹介した海藻運動とセットでやってみてください。その場合は、まず海藻運動をして、次にエネルギッシュ瞑想をしていただくと、より効果的です。

新しい道を歩み始めたあなたへ

「自分らしく生きる」

このシンプルなひとことに、私たちは長いこと迷わされてきました。

自分がやりたいことを始めたつもりでも、実は「周りにいるたくさんの人がそうしてるから」と、自分もそうしたほうがいいような気がしてやっていたかもしれません。

今まであなたが自分で決めたと思っていたこと、あるいは自分が決めてやっていたと思っていたことの中に、実はそうではなかったということがひとつやふたつ、あるいはもっとたくさん紛れ込んでいるかもしれません。私は、この本がそれに気づくきっかけになってくれたらいいなと思っています。

「自分の魂が喜ぶ本当の使命を生きて、最高の人生を歩む」なんて、聞いただけでも大変そうで、自分には絶対見つけられない、と思われてしまうかもしれませんが、私たちの魂は、すでにその答えを持っています。それにあなたが気づいて、自分の人生を生きるんだと決めたとき、宇宙はあなたを支援してくれますし、「ミッションリビング」のテクニックが、あなたの意志をバックアップしてくれます。

私は、誰もが一生懸命に生きて、幸せと喜びに満ちあふれた人生を生きられたらと願っています。

今まで世の中ではこんなことが言われてきませんでしたか。「がんばって頂上を目指そう！」「頂点がゴールだ！」と。人生は高い山を登るようなもので、いろいろなルートがあるだろうけど、苦難を乗り越えた先に素晴らしい眺望が開けている山の頂上があるんだよと。高い山の頂に立つことを目標にするとあなたが決めるのであれば、それもいいと思います。

しかし、同じ山を例えに出すのであれば、私はこう考えます。

高い山があったとしたら、私たちは生まれたとき、すでにその頂上にいるんです。頂上から人生がスタートして、そこからふもとへと下りて行きます。

その山では、山肌に降った雨が集まったり、地下水が地表に出たりしながら、いくつもの川ができますから、私たちはその川の流れに乗ってふもとへと向かいます。

それぞれの川は流れ方が違うでしょうし、どれも最初はごつごつした岩がそこかしこに飛び出た激流で、あなたは悪戦苦闘するかもしれません。でも、川幅は徐々に広がって、流れは穏やかでゆるやかになり、最終的には海へと流れ込みます。

そうです、あなたが行き着くところはすべての源である海です。

私たちの人生とは、ポジティブなこともネガティブなこともあれこれ体験しながら、やがては源へと還っていく、この山下りのようなものではないでしょうか。

私たちは陰陽の法則があるこの世界で、幾度となくネガティブなこと、ポジティブなことを体験しながら、この世界を生きています。それをすべて通り抜け、やがて人生を終えるときになんの後悔もなく、この世界と自分自身、自分が過ごしてきた時間、そして関わってきたあらゆるものに感謝してこの世界を去ってほしい。私はみなさんに、その感謝と喜びと愛の波動を持ったまま、次の世界へ行ってほしいと思っているんです。

私たちはこの世界で肉体を持っていて、まるでこの人生が無限であるかのように生きていますが、私たちの肉体がこの世界を離れるときは、必ず訪れます。この人生は有限だと気づいたとき、あなたの人生は無限の可能性を持つのです。

あなたは自分の人生をどのように生きていくのか決めることができます。

すべては「今ここ」にあります。

「今ここ」を無限の可能性を持って生きることになります。

すべてはあなたなのです。

最期の時を意識することは、かけがえのないあなたの今生の命を、最高に生きると選択することにつながります。時間はあなたの今生での素晴らしい味方となることでしょう。

「ミッションリビング」をやったあなたには、あなたが望む「最高の人生」が自ずとわかってくるでしょう。「ミッションリビング」のワークで、あなたは自分にとっての「最高の祝福された人生」のエネルギーをすでに体験し、「今ここ」にそのエネルギーを持ってきました。ということは、すでにあなたは、あなたの人生に感謝するというゴールに向かって歩んでいるんです。

私はワークショップという場で、参加者のみなさんと「ミッションリビング」のテクニックを実践してから、人生に変容が起きたという報告をたくさんいただき、とても嬉しく思っています。中には、私のエネルギーワークがすごいとか、こんなテクニックを開発してすごいと言ってくださる方もいらっしゃいますが、すごいのは私ではありません。

あなたの人生に私を呼んだのは、あなたです。

私は、あなたが必要とするからワークショップの場にいますし、あなたが本来持っている力を思い出すお手伝いをしているだけなんです。「エネルギーワークができる光一さんはすごい」ではなく、誰にでも私と同じことができるんですよ。

実際、この本を読んで「ミッションリビング」をやってくださったあなたには、なんらかの変化が起きているのではありませんか？　それはあなたがあなた自身の力で引き起こしていることなんです。

私がお伝えしたテクニックやセルフメンテナンスの方法を活用して、どうかあなたにとっての最高の人生を生きてください。自分の力を思い出して本当の自分を生きることが、あなたにはできます。

「ミッションリビング」を世に出すにあたり、本の出版を快諾してくださった株式会社ビオ・マガジンの西宏祐社長、編集の村山久美子さん、ライターの明日香さん、前作より応援してくださっている読者の方々、私のワークショップにご参加くださっている方々、みなさんのおかげでこの本をご紹介できました。心より御礼申し上げます。ありがとうございます。

また、この本を読んでくださったみなさんにも、改めてお礼申し上げます。ありがとうございます。間違いなくご自身の成長とこの世界の成長を選ぶぞと決めている方が、この本を手に取ってくれたと、私は思っています。

あなたが最高の人生を生きるとき、あなたは世界の貢献者です！

私にはあなたが輝いている人生を生きているのがわかります。

この素晴らしい世界に貢献していただき感謝いたします。

ありがとうございます！

光一

量子エネルギーマスター

光一

KOUICHI

これまでに数多くのスピリチュアルワークを習得し、その集大成として独自のエネルギーメソッド「ディヴァインコード・アクティベーション」を編み出す。サラリーマンとして働く傍ら、趣味で行ってきた個人セッションが口コミで広がり、全国各地から問い合わせが殺到。

ビジネスの世界においては、20代の頃からトップセールスマンとして活躍し、リストラ、転職を繰り返して、同業界の大手5社を渡り歩く。入社後まもなく最年少役員に抜擢され、フリーランスの経営コンサルタントとしても実績を上げるなど、社会人としても影響力のある地位を築いた。

人生のモットーは、「いつでも笑いながら、明るく楽しく」。現実世界に生かせないスピリチュアルの教えは意味がないとして、両者を上手く融合しながら、幸せで豊かに生きる方法を提案している。

東久邇宮文化褒賞、東久邇宮記念賞、東久邇宮平和賞を受賞。

著書に『ディヴァインコード・アクティベーション』『きめればすべてうまくいく』(ともにナチュラルスピリット)、『これでいいのだ!ヘンタイでいいのだ!』(松久正氏との共著　ヴォイス)、『超越易経』(ヒカルランド)がある。

お問い合わせ:http://nahohi.info/

祝福人生創造ブック

2019年5月20日　第一版　第一刷

著　　者／光一

ライター／明日香
発 行 者／西宏祐
イラスト／ツグヲ・ホン多
編　　集／村山久美子
デザイン／堀江侑司

発 行 所　株式会社ビオ・マガジン
〒141-0031　東京都品川区西五反田8-11-21
五反田TRビル1F
TEL：03-5436-9204　FAX：03-5436-9209
http://biomagazine.co.jp/

印刷・製本　株式会社シナノパブリッシングプレス

ISBN978-4-86588-043-4　C0011